ABC de las Finanzas Familiares
Dr. Miguel Ramírez
Cel. 333 722 25 70

Título original: *Finanzas familiares, según la voluntad de Dios*

ISBN 978-0-9823282-1-7

Corrección de estilo: Nora Beatriz González
Re-diseño de portada: Miguel Angel Sánchez Carreón
Fotografía: Julio Splinker F.
Asesor editorial: Armando Carrasco Z.

Publicado por:
Editorial Mies
Dr. Miguel Ramírez
mies2@hotmail.com

Si no se indica otro origen para esta traducción las citas bíblicas (en **negritas**) pertenecen a: L<small>A</small> S<small>ANTA</small> B<small>IBLIA</small>®
Versión Reina-Valera (RV) Revisión de 1960

Ninguna parte de este libro se puede reproducir, almacenar en ningún sistema, o transmitir en ninguna forma electrónica, mecánica, fotocopia, grabación o por cualquier otro método, sin permiso escrito del autor.

© 2009 Miguel Ramírez

SERIE

ABC

de las Finanzas Familiares

SEMILLAS DE AYUDA PERSONAL

DR. MIGUEL RAMÍREZ

ÍNDICE

Presentación...	7
Introducción...	9
Los diferentes tipos de riquezas...............................	15
Tres tipos de provisión divina..................................	23
Siete errores en las finanzas familiares....................	33
El dinero desde la perspectiva de Dios....................	51
Siete principios para obtener el éxito en el trabajo.....	61
Siete principios para utilizar el dinero.....................	69
Cómo salir de deudas...	81
Palabras motivacionales para hacerte millonario........	101
El decálogo del éxito...	129
Conclusiones..	141

Dedicatoria

A mis padres Guadalupe y Francisca y a mis suegros Juan (ya con el Señor) y Lucy que con sus diferentes estilos de vida me enseñaron el manejo de los recursos financieros.

Y a todos aquellos que teniendo problemas financieros quieren aprender para poder salir de ellos y estabilizarse en una libertad financiera.

Agradecimientos

Al Señor Jesucristo por ayudarnos a ver como una realidad los sueños que un día tuvimos.

INTRODUCCIÓN

"Hacia donde Dios dirige, Dios proveé"

Independientemente de las declaraciones de especialistas en la materia – las cuales son muy respetables –, el momento que actualmente vive el mercado bursátil, más que un fenómeno financiero es un fenómeno social producto de la angustia de la gente, de la incertidumbre del futuro, de la ley del menor esfuerzo y sobre todo, de la propia naturaleza humana de hacer dinero rápidamente, y lo que es peor, por el dinero mismo.

Los acontecimientos al cierre del siglo que tuvieron repercusión mundial, como la macro devaluación del peso en México, ocurrida en diciembre de

1994, el sistema inflacionario de Argentina que la llevó a una crisis incalculable en su estabilidad económica, y el famoso y mencionado 9/11, que fue la cumbre del témpano, cuando los aviones llenos de pasajeros se estrellaron en las torres gemelas en el país más rico del mundo. Modificaron radicalmente todas las expectativas económicas que se tenían con anterioridad.

El cierre de empresas (como el anunciado hace unos días, donde la empresa de más grande producción automovilística de EE. UU. estará despidiendo a 25,000 empleados en el período de dos años), el desmedido incremento de precios que se están registrando, y el desempleo; hacen temer que con el fantasma de la inflación y la falta de oportunidades de trabajo, se pierda lo que se ha ganado. Además se acentúa la incertidumbre y el temor hacia el futuro por otras muchas cosas negativas.

Tanto Estados Unidos, Japón, Alemania, Francia, Inglaterra y los demás países que conforman el grupo de los siete grandes, así como los países del llamado tercer mundo, tienen problemas económicos, y lo peor es que no se contemplan soluciones a corto plazo.

Si a la crisis económica –mundial y nacional – (de cada país), agregamos los problemas políticos y sociales, el escenario actual y futuro es realmente desalentador.

Tengamos presente que los problemas económicos siempre inciden en todas las áreas de nuestra vida, y son los que por otra parte aceleran la delincuencia, drogadicción, desintegración familiar, terrorismo y otros muchos fenómenos en los cuales estamos inmersos.

Sin embargo, lo más dramático es que esas tendencias se están acentuando más en nuestra sociedad conforme transcurre el tiempo; de hecho crecen a mayor velocidad que las soluciones. Cuando se ha encontrado una posible solución, los problemas ya aumentaron o se han transformado en otro problema diferente y de mayor repercusión. Esta es la razón por las que muchas soluciones no funcionan, de manera que los problemas continúan creciendo.

El problema que vivimos y estaremos viviendo en un futuro inmediato es realmente desalentador, como podemos advertir si reflexionamos ante los principales eventos que son ya manifiestos:

- Probabilidades de entrar a un nuevo torbellino inflacionario que estará reduciendo nuestro poder adquisitivo.
- Altos intereses que afectarán fuertemente el presupuesto de quienes tienen deudas por hipotecas, tarjetas de crédito y todo tipo de préstamos con tasas variables de interés.
- Incremento en el desempleo que hará difícil conseguir trabajo; principalmente entre quienes no son calificados (no están capacitados).
- Aumento de los problemas sociales que provocan una mayor inseguridad y deterioran la paz social y mental de los conciudadanos como: delincuencia,

drogadicción, disturbios, huelgas,
- Entrar a una recesión económica más fuerte, que puede acentuar los problemas anteriores, además de provocar desabasto y encarecimiento aun de los artículos de primera necesidad.

Ante los anteriores y otros eventos que vienen surgen las siguientes preguntas: ¿Qué nos espera en nuestro trabajo y en nuestra economía? ¿Qué efectos tendrá todo esto en nuestra familia? ¿Qué futuro nos espera? ¿Qué debemos hacer? Independientemente de sus respuestas lo cierto es que debemos reconocer que los problemas existen y son una realidad. Tenemos que enfrentarlos y NO IGNORARLOS, sin olvidar que los problemas son una oportunidad para que Dios se manifieste en nuestra vida, y no importa en donde vivamos, tenemos un Padre amoroso que siempre cuida de nosotros sus hijos.

Así como vemos el panorama anterior, pareciera ser que no hay salida, pero Dios juntamente con la prueba da la salida, y Él no permitirá que seamos probados más allá de lo que podamos soportar.

Algunos probablemente pensarán "Éste, es otro libro más sobre la prosperidad", pero el énfasis del presente en sí mismo no es la prosperidad, sino la perfecta voluntad de Dios hacia nosotros, y cómo a Él le place que seamos prosperados y bendecidos, y si el Señor nos bendice es porque tiene planes específicos para nosotros.

Estudiaremos los principios de Dios para ser

prosperados, veremos los diferentes tipos de provisión divina, los dos tipos de riqueza, los errores que se cometen en las finanzas familiares, los principios Bíblicos para utilizar el dinero, cómo elaborar un presupuesto, cómo salir de deudas, cómo tener éxito en el trabajo, y el decálogo para tener éxito en cualquier aspecto de la vida. Es muy importante mantener nuestros sueños y anhelos vigentes, creyendo lo que Dios nos a dicho en lo secreto de nuestro corazón, sosteniéndonos como viendo al invisible.

Es nuestro anhelo que al poner en práctica cada uno de los principios presentados, redunden en beneficios personales, familiares y espirituales, para que así el crecimiento de tu vida personal sea un crecimiento integral.

Iniciemos pues nuestro camino hacia la prosperidad según la voluntad de Dios.

Fraternalmente su amigo:

Dr. Miguel Ramírez

Capítulo Uno

Los Diferentes Tipos De Riqueza

"Amado, yo deseo que tú seas prosperado en todas las cosas, y que tengas salud, así como prospera tu alma." 3 Jn. 2

Hoy en día en cualquier estante de librería secular, o Bíblica veremos libros con títulos como: *El éxito en siete pasos, Millonario al minuto, Cómo prosperar, Cómo ser enriquecido,* y algunos otros con títulos similares.

Si escuchamos a los predicadores de hoy en día dicen, que si tú no eres rico entonces estás bajo la maldición de Dios, que los hijos de Dios no deben ser pobres, pero Cristo dijo "a los pobres siempre los tendréis", pero hace algunas dos décadas, ni siquiera se predicaba el evangelio a los ricos, porque se tenía la certeza que el evangelio era sólo para los pobres, siempre vamos a encontrar diferentes opiniones al respecto.

Con respecto al dinero existen tres diferentes perspectivas dentro del ámbito social, cultural y aun religioso:

Conceptos Financieros

	Franciscanos	Rockefellers	Cristianos
Las posesiones son	Malignas	Un derecho	Una responsabilidad
El trabajo	Cubre necesidades básicas	Para volverse rico	Sirven a Cristo
El pueblo de Dios	Es pobre	Es rico	Es fiel
El incrédulo es	Es rico	Es pobre	Es infiel
Doy porque	Debo hacerlo	Obtengo algo	Amo a Dios
Al gastar lo hago con	Temor y sin gozo	Consumismo sin responsabilidad	Devoción y Respeto

Dios quiere que tengamos una prosperidad integral, no solamente económica, debemos prosperar en lo espiritual, en lo físico y en lo material. *Una prosperidad sólida inicia en lo espiritual y de ahí debe trascender a todo lo demás.* Hay muchos que han prosperado en lo económico pero han fracasado en lo familiar, se han enriquecido a costa de su propia salud, e inclusive violando sus propios principios y derechos.

Así que lo primero que debemos aprender es que hay diferentes tipos de riqueza o de prosperidad, pero que a Dios le interesa que seamos prosperados y enriquecidos en todo, y que **la base de nuestra prosperidad material es la prosperidad espiritual.**

Podemos decir que aquí se aplica la ley de causa y efecto: *"El tanto que yo prospere en lo espiritual es el tanto que yo voy a prosperar en lo material"*.

En segundo lugar, **no importa qué tan rico o próspero sea en lo material, si mis valores no van a ser los correctos**, o querer ser enriquecido y prosperado a cualquier costo, No hay dinero que supla la armonía de una hermosa familia, de una salud integral y de una integridad a toda prueba, ya que por el dinero se han corrompido naciones, se ha adulterado la verdad, se han sacrificado familias y se han traspuesto los valores del ser humano, y todo eso sucede cuando nuestros valores no están en un orden correcto de prioridades.

En tercer lugar, **no debemos confundir riqueza con prosperidad.** Veamos lo que dice 1 Ti. 6: 6-10; *"Pero gran ganancia es la piedad acompañada de contentamiento; porque nada hemos traído a este mundo, y sin duda nada podremos sacar. Así que, teniendo sustento y abrigo, estemos contentos con esto. Porque los que quieren enriquecerse caen en tentación y lazo, y en muchas codicias necias y dañosas, que hunden a los hombres en destrucción y perdición; porque raíz de todos los males es el amor al dinero, el cual codiciando algunos, se extraviaron de la fe, y fueron traspasados de muchos dolores."* Normalmente la riqueza es un amor profundo al dinero, y tiene que ver solamente con el aspecto material, pero la prosperidad es integral, y recordemos que la prosperidad es: que todas nuestras necesidades sean suplidas y tener para compartir con otros. Por eso el rey Salomón le pedía a Dios que no le diera pobreza extrema para no maldecir de Él, y que no le diera riqueza extrema para no olvidarse de Él (Pr. 30:1, 8, 9).

En cuarto lugar, **debemos cambiar nuestra mentalidad de dueño a administrador**, Dios es el dueño y nosotros somos los administradores, en un capítulo posterior trataremos este tema con más amplitud; nada de lo que tenemos nos pertenece, todo es del Señor, y nosotros somos sus fieles administradores.

Y por último, pero no menos importante que los anteriores, debemos entender cuál es el propósito de Dios al enriquecernos, si el Señor nos da la oportunidad de ser uno de sus administradores con mayores recursos, es en primer lugar para que lo **disfrutemos**, que podamos realmente disfrutar de lo que el Señor nos permite administrar, "porque la bendición de Jehová enriquece y no añade tristeza con ella", no tenemos porqué sentirnos culpables ni cohibidos, y creo que este propósito de la riqueza es fácil de cumplir, pero el segundo propósito es que **compartamos**, que seamos generosos, dadivosos y ricos en buenas obras (1 Ti. 6:17-19); así es que cuando Dios nos enriquezca, no es solamente para que lo gocemos nosotros, sino para que muchos más sean beneficiados con todos los recursos que nuestro buen Dios nos ha dado.

Está calculado, según la crisis social en que estamos, que dentro de 20 años, los pobres serán más pobres los ricos más ricos y los que están en medio (la clase media) desaparezca, pero el *Señor quiere que aprendamos a ser prosperados en medio de la crisis,* porque el origen de la prosperidad es Dios mismo (Sal. 75:6-7), no viene ni del oriente ni del occidente, ni del norte, ni del sur, Dios nos prospera para que edifiquemos la iglesia o el Reino (Neh. 2:20).

Dios nos da todo el poder necesario para hacer las riquezas (Dt. 8:18); y quiere que lo entendamos siempre y nunca lo olvidemos, todo lo que recibimos o tenemos es de Dios porque Él mismo nos lo da como lo hizo con el Rey Ezequías (2 Cr. 32: 27-30; 31:21).

José fue prosperado en medio de toda adversidad; recordemos que él llegó como esclavo, no era dueño de nada, ni siquiera su vida le pertenecía, sino que era de su amo, de ahí descendió a la cárcel, pero él fue prosperado en medio de la crisis, en medio de toda adversidad; **Porque Dios estaba con él** (Gn. 39:1-6). Si la presencia de Dios está contigo indiscutiblemente serás prosperado (Gn. 39: 21-23); aún en la cárcel José fue prosperado. Primero como esclavo y después como preso.

Cristo fue prosperado, Is. 53:10; *"La voluntad de Jehová será en su mano prosperada"*. Cristo aseguró la presencia de Dios, porque siempre hacía lo que a Dios le agradaba (Jn. 8:29).

Josafat, fue prosperado porque anduvo en los caminos de Dios (2 Cr. 17:3-5).

Se debe **buscar a Dios** de una forma **permanente**

no intermitente. Daniel buscó a Dios con oración y ruego, ayuno, cilicio y ceniza, en otras palabras se le busca con sacrificios (Dn. 9:3).

Cuando Asa buscó a Dios, fue prosperado (2 Cr. 14:7), fue cuando no buscó a Jehová que enfermó y murió.

Hay que buscar a Jehová, aún antes del amanecer. Con ruego, siendo limpio y recto, y el Señor hará prosperar nuestro hogar (Job 8:5-7).

Guardar las palabras de Jehová, poniéndolas por obra, es otra condición para que Dios nos prospere en todo lo que hagamos. En Josué 1:7,8 dice que no debemos apartarnos ni a diestra, ni a siniestra de su ley, para que Dios nos prospere en todo lo que hagamos.

Así es que el corazón del Señor es nuestra prosperidad integral, total, completa, no hay un área de nuestra vida que el Todopoderoso no quiera tocar y prosperar; y Él mismo nos da todas las habilidades necesarias para poder ser prosperado según su perfecta voluntad, no hay situación por adversa que tengamos que nos impida ser prosperados según la voluntad de Dios.

Daniel es otro ejemplo claro de eso, él llego como esclavo, pero todos los días buscaba a Jehová a través de la oración, y desde el capítulo 1, y versículo 8; leemos que él propuso en su corazón no contaminarse, jamás vendió sus principios, no los alteró, ni los acomodó a los tiempos en que él estaba viviendo, siempre se rigió con normas muy altas. Los eruditos de la Biblia dicen que el libro de Daniel, no hubiera existido sin el versículo 8 del capítulo 1, los reyes fueron cambiados, los reinos fueron traspuestos, pero Daniel se mantuvo firme y siempre fue el segundo o a lo más el tercero dentro de cada uno de los diferentes reinos, así que nuestra prosperidad está garantizada en Dios.

No prosperaremos porque somos astutos o sagaces, tramposos o truhanes, y si acaso lo hacemos así, nunca tendremos paz, y además no será una prosperidad integral, *recordemos que si nuestra alma prospera todo lo demás prosperará.*

Jesús dijo: *"más buscad, primeramente el Reino de Dios y su justicia, y todas las demás cosas os serán añadidas."* (Mt. 6:33). Y si vemos el contexto del pasaje, está hablando de las necesidades materiales, como el sustento diario, y la ropa, el principio es el mismo, primero lo espiritual y como un resultado lógico y congruente lo material, físico, familiar y económico.

Capítulo Dos

Tres Tipos De Provisión Divina

"La bendición de Jehová es la que enriquece, y no añade tristeza con ella."
Pr. 10:22

uando vemos a nuestra sociedad, podemos dividirla en tres diferentes grupos, los ricos, los pobres y los más pobres, ya que día a día la gran parte de la clase media está desapareciendo. Es evidente que una crisis económica, a nivel mundial y de país, tiene repercusiones directamente en las finanzas personales y familiares. Empero, debemos considerar que en épocas de bonanza también hay crisis en las finanzas de muchas familias, lo que confirma que este tipo de problemas es producto de la forma en que han manejado sus recursos económicos y financieros.

Pero han manejado mal esos recursos, porque no saben en qué tipo de provisión están todavía, ya que se puede pasar de un tipo de provisión Divina a otro, si vamos cumpliendo los requisitos indispensables, así es que por ignorar los principios de Dios, caemos en los errores financieros que pueden producir una crisis aguda en nuestras finanzas familiares.

El uso irresponsable del dinero, comprar cosas superfluas o que no tienen un propósito específico, o vivir más allá del nivel de nuestros ingresos desconociendo el tipo de provisión económica en la que nos encontramos, son acciones que **siembran** problemas que el día de mañana se estarán **segando** en forma de crisis.

Por lo tanto, una crisis es la cosecha – efecto – de lo que se ha sembrado – causa – en el pasado. Es un principio determinista expresado por Dios en su palabra: *"...pues todo lo que el hombre sembrare eso también segará."* (Gl. 6:7).

La crisis en las finanzas familiares, más que un fenómeno económico es un fenómeno espiritual. En efecto las deudas, la irresponsabilidad, los falsos valores, el egoísmo, el engaño, las prioridades incorrectas y, lo principal; la desobediencia a los principios de Dios en la actitud hacia el dinero y las riquezas, conllevan una crisis espiritual que se manifiesta en una crisis económica.

La angustia de la gente, su incertidumbre hacia el futuro, y lo que es peor su afán por el dinero, confirman que estamos en una crisis espiritual y como tal, debe ser enfocada y tratada.

Dicha crisis espiritual se explica cuando observamos que por dinero se destruyen matrimonios, se venden las almas, se oprimen conciencias, se comprometen hombres, se prostituyen mujeres. Por dinero se envilecen políticos, se ofuscan artistas y se arruinan religiosos.

Por dinero los narcotraficantes esclavizan a los jóvenes y destruyen la sociedad. El dinero maneja al mundo y ha llegado a ser el gran dios de las multitudes. *"Porque raíz de todos los males es el amor al dinero..."* (1 Ti. 6:10).

La provisión en Egipto

Lo primero que quiero aclarar, es que no importa el tipo de provisión en que nos encontremos, todas son dadas por Dios, y va a depender de nosotros qué tanto aprendemos, y qué tan rápido cumplimos los requisitos para ascender al otro tipo de provisión divina; qué triste es ver que generaciones van y generaciones vienen y las familias siguen estando en la pobreza, en la miseria, tanto en lo espiritual, como en lo físico y en lo material, porque recordemos que la provisión y prosperidad de Dios es integral.

Cuando vemos al pueblo de Israel en Egipto, vemos a un pueblo pobre, sufriente, con crisis económica, eran esclavos, sus hijos varones estaban amenazados de muerte.

Pero el plan de Dios para el pueblo ya estaba trazado con mucha anterioridad, y aún en medio de esta situación había un tipo de provisión divina, no era la mejor provisión, pero tenían por lo menos para comer, no era la perfecta voluntad de Dios, pero el pueblo tenía que aprender a escuchar y a obedecer al Señor.

En Egipto, *la provisión es limitada, tienes solamente lo necesario*, "tus necesidades" son suplidas, tienes lo indispensable, no los antojos, es cuando dependes económicamente únicamente de tu trabajo. La única fuente de ingreso para tu familia es el trabajo. Recuerda que el pueblo de Israel era provisto de sus necesidades básicas por los egipcios, ni siquiera tenían aumento de sueldo, ni vacaciones, ni prestaciones médicas, es más creo que nosotros estamos mejor.

En este tipo de provisión tienes que aprender a **obedecer y a planificar tus gastos.** Por lo tanto se hace indispensable que aprendas a elaborar un presupuesto; hay que aclarar que cuando pases al otro tipo de provisión debes seguir elaborando tu presupuesto; en otras palabras, todo lo aprendido anteriormente, tiene que ser ejecutado siempre.

Entonces planificación más obediencia produce lo necesario. Aquí es donde necesitamos aprender a diezmar, ofrendar y sembrar. *La base fundamental en este tipo de provisión es la obediencia* (Dt. 14:22; 16:16,17; Mal. 3:10).

Debemos pedir al Señor una unción especial para administrar las finanzas (Dt. 8:18; 18:5), para que todo lo administremos según la perfecta voluntad de Dios y los pocos o muchos recursos que tengamos sean sobreabundantes.

La provisión en el Desierto

Cuando el pueblo de Israel fue sacado con mano fuerte de Egipto, tenía también que comenzar otro tipo de provisión, ya que no podían seguir dependiendo de su trabajo secular (ya no iban a trabajar para los egipcios). Así que nuestro buen Dios comenzó con una **provisión sobrenatural**, imaginémonos a todo el pueblo de Israel por el desierto durante cuarenta años, no fue un día de campo, realmente fue toda una proeza, por lo tanto la provisión tenía que ser también una proeza mayor.

Uno de los milagros matemáticos del mundo se centraliza en Moisés y la gente de Israel. Moisés salió con ellos al desierto, pero ¿qué iba a hacer con ellos? Tenían que ser alimentados, y alimentar a tres y medio millones de personas requería bastante comida.

De acuerdo con un general en el ejército de los Estados Unidos, se ha reportado que Moisés tuvo que haber tenido 1,500 toneladas de comida cada día, ¿y sabes que para transportar esa comida se requería de dos trenes de carga, cada uno de una milla de largo? Pero además de esto, debemos recordar que ellos estaban en el desierto, iban a necesitar leña para cocinar la comida, esto les llevaría

4,000 toneladas de madera y unos cuantos trenes más, de una milla de largo y esto para un día... Ahora consideremos esto; ellos estuvieron 40 años en el desierto.

Ellos necesitarían agua también, si utilizaban solamente lo necesario para tomar y lavar unos cuantos platos, les tomaría 11 millones de galones de agua cada día, y un tren de carga con tanques de agua de 11 millas de largo, esto sólo para llevar el agua. No tenían lagos y lo único que tenían eran unos cuantos pozos ¿cómo sacaban tanta agua?

Otra cosa interesante, ellos cruzaron el Mar rojo en una noche, si ellos caminaron en la parte más estrecha del mar en una fila doble, la fila hubiera sido 800 millas de largo y hubiera requerido 35 noches para cruzarlo, o sea, que posiblemente para hacer esto, tuvo que haber en el mar rojo un espacio de por lo menos 4 millas de ancho, y caminaron 5,000 lado a lado para pasarlo en una noche.

Por si fuera poco tenían otro problema; Cada vez que ellos acampaban al final del día, era necesario tener un espacio de 750 millas cuadradas, o sea 25 millas de ancho por 30 millas de largo. Y este espacio solamente para una noche de campamento.

¿Tú crees que Moisés consideró todo esto antes de salir de Egipto con el pueblo de Israel?

No lo creo. Moisés creyó en Dios, obedeció su voz y reconoció que Él iba a tomar cuidado de ellos en todas estas cosas ¿y sabes qué? *Nosotros tenemos el mismo Dios.*

Dejemos que Él guíe nuestras vidas en Espíritu y en verdad y no por lo que nosotros vemos o por las apariencias.

Aquí hay que aprender a **creerle a Dios** y seguir obedeciendo, así es que la fórmula es: Fe, más Obediencia, más siembra, dará como resultado; Provisión un poco más de lo necesario, para comenzar a compartir con otros menos afortunados.

Fe + Obediencia + Siembra = Mayor provisión

La base fundamental en este tipo de provisión es la Fe (Pr. 10:22). En este tipo de provisión, se conoce al Señor como el Todopoderoso y que puede proveer de una forma sobrenatural, agua de la peña, maná del cielo, carne, además, ni la ropa ni el calzado envejecen nunca.

Preparémonos para vivir una aventura de fe, pero ¿sabes? lo más hermoso de todo esto es que éste no es el tipo de provisión final, Dios tiene cosas mejores para nosotros.

Cabe hacer una pequeña aclaración, cuando hablamos de la provisión en el desierto, no quiere decir que tienes que dejar tu trabajo actual para entonces depender sobrenaturalmente de Dios, a menos que Dios así lo indique para servirle, porque la provisión de Dios de una forma sobrenatural, se puede desarrollar completamente en el ambiente en que nos desenvolvemos normalmente.

La provisión en Canaán

"Deléitate a sí mismo en el Señor, y Él te concederá las peticiones de tu corazón." (Sal. 37:4).

Seguro recuerdas cuando los doce espías enviados por Josué, regresaron de ir a ver la tierra prometida, traían un racimo de uvas entre dos de ellos, con un palo en medio del racimo para poderlo cargar.

Desde que el pueblo fue sacado de Egipto con mano poderosa, su destino no era el desierto, sino Canaán, pero desafortunadamente el pueblo no aprendió el proceso, y toda esa generación pereció, solamente Josué y Caleb, fueron los únicos sobrevivientes que entraron a la tierra prometida; esa tierra que fluye leche y miel. No le creyeron a Dios, y por lo tanto no pudieron disfrutar de las riquezas increíbles de provisión.

Aquí el tipo de **provisión es sobreabundante**, el producto es hermoso, es grande, es único; pero jamás debemos olvidar que Dios lo da para que lo disfrutemos y para que lo compartamos.

Aquí la obediencia es total, pero además se debe agregar la humildad, hay que aprender a disfrutar y compartir (1 Ti. 6:17-19).

Este tipo de provisión tiene su base fundamental en **deleitarse en Dios**, en el cual, la riqueza ya no es el objetivo en sí mismo, sino que el hombre aprenda a deleitarse en Dios de tal forma que Dios le concede las peticiones de su corazón (Sal. 37:4; Stg. 4:2,3; Pr. 22:4).

Es tan completa la relación del hombre con su Dios, que hasta los más íntimos pensamientos de su corazón, cosas que ni siquiera ha expresado con palabras, Dios se las concede, porque para este tipo de hombre, no es su afán enriquecerse, sino sobre todas las cosas agradar a Dios en todo.

Capítulo Tres

Siete Errores En Las Finanzas Familiares

"El principio de la sabiduría es el temor a Jehová."
Pr. 1:7

La economía familiar debe manejarse definitivamente con un criterio de un gerente financiero o de hombre de negocios próspero, aplicando los criterios y principios de la administración financiera actual.

Toda crisis espiritual tiene su origen en la nula o mala relación que el hombre tiene con Dios y, por consecuencia, en la falta de sabiduría. Como complemento a esa causa básica, surgen otras; cuando no sabemos qué es lo que queremos en la vida, o cuál es nuestro propósito o misión, en otras palabras, ignoramos el plan que el Creador tiene para nosotros. Por estas causas andamos sin rumbo fijo y sólo reaccionamos por las circunstancias que se nos presentan, Nos debe quedar claro que: *mientras no respondamos a las preguntas ¿Dónde estoy? ¿A dónde quiero ir? ¿Qué debo hacer? Y ¿Por qué?* Estaremos limitando nuestro desarrollo integral con todos los talentos y las capacidades que nos ha dado el Creador.

Tomando en cuenta lo anterior, el punto de partida para mejorar el manejo de nuestras finanzas familiares, es identificar los errores que frecuentemente se cometen en lo relacionado a la administración del dinero. Con este propósito en mente, responde el siguiente cuestionario:

Evaluación del manejo de mis finanzas familiares		
¿Mi área económica está equilibrada con las demás áreas de mi vida personal y familiar?	SI	NO
¿Gasto mi dinero pensando en el beneficio que me va a reportar lo que adquiero?	SI	NO
¿Mi nivel de vida está de acuerdo a mi nivel de ingresos?	SI	NO
¿Mis deudas son mínimas y están equilibradas con mi nivel de ingresos?	SI	NO
¿Tengo el hábito de ahorrar?	SI	NO
¿Podría enfrentar mis obligaciones si no percibiera ingresos durante 3 meses?	SI	NO
¿Utilizo un presupuesto mensual para manejar mi dinero, y me adapto a él?	SI	NO
¿Manejo el dinero con el criterio y precaución de un hombre de negocios?	SI	NO
¿Diezmo sistemáticamente?	SI	NO
¿Económicamente estoy mejor ahora que hace 5 años?	SI	NO

Sí a alguna de las preguntas anteriores respondimos No, quiere decir que hay causas que están produciendo crisis en nuestras finanzas familiares.

Desde la década de los ochentas hasta los momentos actuales de crisis que se están viviendo a nivel mundial, todo lo relativo al manejo de las finanzas nacionales, empresariales y familiares ha cobrado vital importancia. La inflación, las altas tasas de interés, la volatilidad de los tipos de cambios son elementos que impactan en este manejo, más aún cuando se tienen recursos limitados y su uso tiene que optimizarse.

La problemática que tienen las empresas en materia de finanzas, también se presentan en las finanzas familiares. De hecho existe un paralelismo en el manejo de las finanzas, porque en ambos casos se tiene que generar y obtener ingresos por un lado y por el otro se tienen que utilizar dichos ingresos en gastos, inversiones y ahorro.

Por lo común, el principal problema que surge en ambos casos, se presenta cuando el total de egresos –gastos, inversiones y ahorro – supera al total de los ingresos.

En el caso particular de las finanzas familiares, los individuos tienden a ser más descuidados en el uso o aplicación del dinero, tal vez porque frecuentemente actúan más por emociones que por reflexión de lo que debe o no hacerse.

El resultado es la crisis en sus finanzas personales

que pueden extenderse a una crisis familiar. Recordemos que una de las principales causas de los divorcios que se producen ahora en día, están relacionados con el problema del dinero.

Pero así como las empresas o negocios caen en crisis económica y financiera por violar ciertos principios sobre el manejo del dinero, también sucede con las finanzas familiares; más aún cuando no se tiene la menor idea de dichos principios. Todo ello significa que se está recogiendo crisis económica y financiera que se sembró con la falta de observancia de principios para el buen manejo del dinero.

Todo lo que el hombre sembrare eso también segará

- Endeudarse irracionalmente
- Idolatrar el dinero
- Ser flojo e irresponsable
- No actuar como mayordomo
- No ser previsor
- No ayudar a los demás
- No diezmar

→ Crisis en las finanzas familiares

1) Endeudarse irracionalmente

"¿Por qué gastáis el dinero en lo que no es pan, y vuestro trabajo en lo que no sacia? Oídme atentamente, y comed del bien, y se deleitará vuestra alma con grosura." (Is. 55:2).

La sociedad de consumo ha propiciado un uso indiscriminado de crédito. "Viaje ahora, pague después", "Compre a crédito sin intereses" y muchas otras frases publicitarias y prácticas de mercadotecnia que han influido en la gente para endeudarla desenfrenadamente sin medir las consecuencias futuras.

Las personas también contraen deudas fácilmente, debido a que las decisiones de compra son mucho más emocionales que racionales. En todos los casos en que los individuos adquieren deudas, el resultado es su esclavitud física, mental y emocional hacia sus acreedores, como lo dice la Biblia: *"El que toma prestado es siervo del que le presta"* (Pr. 22:7); *"No debáis nada a nadie"* (Ro. 13:8).

No debemos olvidar que la crisis en las finanzas familiares viene generalmente por utilizar indebidamente los recursos. La gente se endeuda porque gasta irracionalmente el dinero adquiriendo cosas que no necesita, son superfluas, las obtiene por el afán de impresionar o simplemente por el impulso de comprar. Por lo tanto hay que determinar si lo que estoy comprando es una necesidad, un gusto o un deseo.

Necesidades: Son las compras que hacemos para suplir las necesidades básicas de la vida como el alimento, la ropa, el trabajo, un lugar dónde vivir y la salud, entre otras. *"Así que teniendo comida y sustento estemos contentos."*(1 Ti. 6:8).

Gustos: Son aquellas cosas que satisfacen una necesidad básica en nuestras vidas, pero son de una mejor calidad. Por ejemplo tú necesitas vestirte, pero algunas veces puedes elegir comprar ropa de mejor calidad o de una marca conocida. Tomar un taxi, en lugar de caminar al trabajo (1 P. 3:3,4).

Deseos: Son las cosas que nos gustaría tener pero que no son necesidades básicas para nuestra subsistencia. De acuerdo con el plan de Dios, sólo se pueden comprar con fondos excedentes después de que todas las otras obligaciones se hayan cumplido. (1 Jn. 2:15, 16).

Recuerda que la crisis en las finanzas familiares generalmente no es causada por falta de ingresos, sino por la mala distribución de éstos. Y estar endeudado es una consecuencia de la desobediencia (Dt. 28: 15, 43,44).

2) Idolatrar el dinero

"...No podéis servir a Dios y a las riquezas." (Mt. 6:24).

"El dinero no debe ser un fin, sino un medio de cambio para alcanzar fines superiores."

El sistema económico del cual formamos parte ha definido el éxito en función de tener posesiones y dinero, porque, supuestamente, con dinero se tiene todo. Esta es la razón por la que la gente se centra en el dinero por el dinero mismo; es lo que ha propiciado avaricia, corrupción, prostitución, delincuencia y otras conductas desviadas. El dinero hace que la gente lo justifique como un fin en sí mismo, aún cuando tenga que cambiar o utilizar cualquier medio; por eso la sociedad actual ha convertido el dinero en su ídolo; empero cuando ese ídolo cae, caen también sus seguidores. *"...Porque donde este vuestro tesoro, ahí también estará vuestro corazón."* (Mt. 6:19-21).

Características del codicioso	
Alborota su casa	Pr. 15:27
Miente	Pr. 21:6
Engaña en los negocios	Pr. 20:21,23
Pervierte el derecho del justo	Pr. 18:5
Acepta soborno	Pr. 17:8
Roba al pobre	Pr. 22:22,23; 23:10

"Porque los que quieren enriquecerse caen en tentación y en lazo, y en muchas codicias necias y engañosas, que hunden a los hombres en destrucción y perdición; porque raíz de todos los males es el amor al dinero, el cual codiciando algunos, se extraviaron de la fe, y fueron traspasados por muchos dolores." (1 Ti. 6: 9,10).

"Mirad, y guardad de toda avaricia; porque la vida del hombre no consiste en la abundancia de los bienes que poseé." (Lc. 12:15).

"El que ama el dinero, no se saciará de dinero...." (Ec. 5:10).

"Ciertamente como una sombra es el hombre; ciertamente en vano se afana; amontona riquezas, y no

sabe quién las recogerá." (Sal. 39: 6).

"El que confía en sus riquezas caerá." (Pr. 11:28).

"...No te afanes por hacerte rico; se prudente y desiste..." (Pr. 23:4-7).

"En la sociedad moderna, el dinero ha usurpado demoníacamente el papel que el Espíritu Santo debe tener en la iglesia." **Thomas Merton.**

3) Ser flojo e irresponsable

"Quiere ingresos extraordinarios, por un trabajo menos que ordinario."

"El empleado hace como que trabaja y el patrón hace como que le paga."

Hay muchos individuos que no progresan y, en consecuencia, no obtienen un mejor sueldo, debido a que son flojos e irresponsables en su trabajo, y no buscan oportunidades para alcanzar mejores oportunidades. El flojo e irresponsable es aquel que sale a buscar trabajo, rogando a Dios no encontrarlo, y si por accidente lo encuentra, desea uno fácil, en el que el paguen mucho.

"Pasé junto al campo del hombre perezoso, y junto a la viña del hombre falto de entendimiento; y he aquí que por toda ella habían crecido los espinos, ortigas habían ya cubierto su faz, y su cerca de piedra estaba ya destruida.

Mire y lo puse en mi corazón; lo vi y tome consejo. Un poco de sueño, cabeceando otro poco, poniendo mano sobre mano, otro poco para dormir; así vendrá como caminante tu necesidad, y tu pobreza como hombre armado." (Pr. 24:30-34).

El trabajo produce valores y resultados económicos; En Proverbios 10:4 vemos *"La mano negligente empobrece, mas la mano de los diligentes enriquece"*. Tiene efectos políticos contundentes; *"La mano de los diligentes señoreará; mas la negligencia será tributaria."* (Pr. 12:24); y también tiene efectos sociales; *"...porque se saciará de pan"* (Pr. 12:11); nunca llegará a ser una lacra social, ni una carga pública.

El hombre flojo e irresponsable generalmente es un hombre que no se ha encontrado a sí mismo, no sabe lo que quiere y, por tanto, no encuentra motivación alguna para trabajar.

4) No actuar como mayordomo

"De Jehová es la tierra y su plenitud; el mundo y los que en el habitan" (Sal. 24:1).

El punto de partida para comprender este error en el manejo de las finanzas familiares, es entender que nuestras posesiones pertenecen a Dios; y que nosotros poseemos las propiedades de Dios, pero, posesión y propiedad no es lo mismo.

El dueño está emocionalmente enganchado con la propiedad, pero un administrador no. Hay que desenchufarnos emocionalmente de las propiedades. Debemos transferir la propiedad de nuestras posesiones a Dios, comenzar a comportarnos como administradores. (Sal. 135: 6; Dn. 4:34,35; Ro.8: 28).

La transferencia del derecho de propiedad significa que Dios también tiene el derecho de opinar acerca de la ropa que tú usas, tu auto, tu casa, tu familia, tu futuro y lo más importante tu cheque de pago. Si Dios es el dueño de tu vida, puedes estar seguro que Dios cambiará tus hábitos de compra. La libertad financiera proviene de saber que Dios está en control total de todo lo que tengo y todo lo que soy.

"Todo lo pusiste debajo de sus pies" (Sal. 8:6). Dios es el que puso todo debajo de nuestros pies, pero todo es de Dios.

Es diferente contentamiento que conformismo; y Dios nos pide que estemos contentos. La doctrina del contentamiento: yo tengo que aprender a ser feliz en el lugar económico donde el Señor me ha colocado (Fil. 4:11-13).

El mayordomo, gerente o administrador: es el que da el mejor uso posible a los recursos que sus dueños han depositado y confiado en ellos, de manera que dichos recursos no pierdan su valor, sino que éste se incremente conforme transcurre el tiempo.

La pobreza no es necesaria, ni siempre tendremos prosperidad, pero siempre debe haber fidelidad. La fidelidad es la principal característica que debe tener un mayordomo (1 Co. 4:1,2). Según Lc. 16:10-12 hay tres tipos de fidelidad necesaria en todo administrador:

La fidelidad del administrador	
Fiel en lo poco	Dios te dará lo mucho
Fiel en lo material	Dios te dará lo espiritual
Fiel en lo ajeno	Dios te dará lo propio

El sentido de mayordomía implica también observar la definición actualizada de la Administración financiera: mantener el valor presente de una organización.

Esta definición, considerada en el mundo de los negocios, forma parte de lo que es la visión de un hombre de empresa. Es decir, él debe contemplar a largo plazo la empresa que quiere construir; pero independientemente de lo que pretenda lograr en cuanto a productos, mercado, tecnología o ventas competitivas, él deberá mantener el valor presente de su empresa. Por ejemplo, para dentro de 10 años un negocio debe valer por lo menos lo que cuesta ahora, medido con base en el poder adquisitivo de la moneda, no a su valor nominal. Para ilustrar el concepto de mayordomía en las finanzas familiares, examinaremos la parábola de los 10 talentos.

"Porque el Reino de los cielos es como un hombre que yéndose lejos, llamó a sus siervos y les entregó sus bienes. A uno le dio 5 talentos, a otro 2 y otro 1, conforme a su capacidad; y luego se fue lejos. Y el que había recibido

5 talentos fue y negoció con ellos, y ganó otros 5 talentos. Asimismo el que había recibido 2, ganó también otros 2. Pero el que había recibido 1 fue y cavó en la tierra, y escondió el dinero de su señor. Después de mucho tiempo vino el señor de aquellos siervos, y arregló cuentas con ellos. Y llegando el que había recibido 5 talentos, trajo otros 5 talentos, diciendo: Señor, 5 talentos me entregaste; aquí tienes, he ganado otros 5 talentos sobre ellos. Y su señor le dijo: Bien, buen siervo y fiel; sobre poco haz sido fiel, sobre mucho te pondré entra en el gozo de tu señor. Llegando también el que había recibido 2 talentos, dijo: Señor, 2 talentos me entregaste; aquí tienes, he ganado otros 2 talentos sobre ellos. Su señor le dijo: Bien, buen siervo y fiel; sobre poco has sido fiel, sobre mucho te pondré; entra en el gozo de tu señor.

Pero llegando también el que había recibido un talento, dijo: Señor, te conocía que eres hombre duro, que siegas donde no sembraste y recoges donde no esparciste; por lo que tuve miedo y fui y escondí tu talento en la tierra; aquí tienes lo que es tuyo. Respondiendo su señor, le dijo: Siervo malo y negligente, si sabías que siego donde no sembré, y que recojo donde no esparcí. Por tanto, debías haber dado mi dinero a los banqueros, y al venir yo, hubiera recibido lo que es mío con los intereses. Quitadle, pues, el talento, y dadlo al que tiene 10 talentos. Porque al que tiene, le será dado, y tendrá más; y al que no tiene, aún lo que tiene le será quitado. Y al siervo inútil echadle en las tinieblas de afuera; allí será el lloro y el crujir de dientes."
(Mt. 25:14-30).

La parábola en cuestión destaca el hecho de poner a trabajar un recurso en la forma más adecuada para que no sólo deje de perder su "valor presente", sino para que genere beneficios o valor, ya que "recurso que no trabaja, es recurso que pierde su valor". Tal pérdida de valor se debe a su depreciación, obsolescencia, inflación u otros fenómenos, o bien el costo de oportunidad representado por la cantidad que se deja de ganar por no haberse explotado.

Sin duda alguna el hombre de la parábola castigó al siervo inútil porque no mantuvo "el valor presente", y por el costo de oportunidad que tuvo debido a que ese siervo no puso a trabajar el talento, que a precios actuales alcanzaría un valor de 150,000 dólares. Si consideráramos las altas tasas de interés y los fenómenos devaluacionarios ahora en día representaría un tremendo costo financiero; tan alto, como para "echar a cualquier persona en las tinieblas de afuera..."

La parábola de los talentos también nos hace suponer que el problema del siervo inútil fue no saber tomar decisiones para afrontar situaciones y solucionar problemas.

5) *No ser previsor: Prevenir antes que lamentar.* *(*Lc. 14:28,29; Pr. 21:17,20).

"El éxito en el manejo de las finanzas familiares no llega al azar, tú tienes que planearlo y hacer que suceda."

Hay un aforismo popular que deberíamos tener presentes en el manejo de las finanzas personales: Prevenir antes que lamentar. En efecto, muchos de los problemas en nuestra economía se dan porque no fuimos lo suficientemente previsores, es decir no fomentamos el ahorro, no pensamos en el efecto económico futuro de deudas contraídas, no hemos sido responsables en nuestro trabajo, no tratamos de superarnos constantemente y perdemos buenas oportunidades.

Aunque ciertamente debemos confiar en que Dios proveerá porque conoce nuestras necesidades. Dios también nos exhorta a ser previsores: *Porque ¿quién de vosotros, queriendo edificar una torre, no se sienta primero y calcula los gastos, a ver si tiene lo que necesita para acabarla?* (Lc. 14:28,29).

Si en este momento por diferentes circunstancias de la vida, como una enfermedad, recorte de personal o alguna otra situación perdiéramos el trabajo, y podemos vivir durante los próximos 6 meses al mismo nivel de vida que al actual, quiere decir que somos unos excelentes previsores.

6) No ayudar a los demás.

"*Gana cuanto puedas, ahorra cuanto puedas, **da cuanto puedas**." John Wesley.*

Dios te bendice para que tú también extiendas esas bendiciones a los demás, a aquellos que más necesitan. Esto es demasiado importante para Dios, por ello Él condiciona el **recibir** en función del **dar.**

"Dad y se os dará; medida buena, apretada, remecida y rebosando darán en nuestro regazo; porque con la misma medida con que medís, os volverán a medir." (Lc. 6:38).

"...El alma generosa, será prosperada..." (Pr. 11: 24, 25).

"A Jehová presta el que da al pobre, y el bien que ha hecho, se lo volverá a pagar." (Pr. 19:17; 17:5; 14:21).

"Así que, según tengamos oportunidad, hagamos bien a todos, y mayormente a los de la familia de la fe." (Gá 6:10).

7) No dar el diezmo

"Tú posees, pero Dios es el propietario. Tu ganas, pero Dios te capacita para ganar. Tú eres de Dios, por tanto, todo lo que tienes es de Dios. Así reconócelo; Dios es el dueño de todo." **Malcolm McGregor.**

Frecuentemente no recibimos bendiciones porque no creemos en Dios ni en su Palabra, principalmente en lo referente al dinero. El nos pide que le demos el diezmo de nuestros ingresos, es decir, de lo que ganamos. La razón es simple, nosotros ganamos, pero Dios nos da la capacidad de ganar.

"Sino acuérdate de Jehová tu Dios, porque el te da el poder para hacer las riquezas, a fin de confirmar su pacto que juró a tus padres, como en este día." (Dt. 8:18).

Dios nos pide que le demos lo que le corresponde, es decir el diezmo, que viene a ser el IVA celestial. Tal como el IVA le pertenece al gobierno, así el diezmo es de Dios; nosotros somos simplemente sus recaudadores y, por tanto, debemos entregar esos "impuestos" a quien le corresponden. Además, en el caso de los diezmos: o se los pagas a Dios, o Satanás se quedará con ellos. ¡Tú decides!

"Traed todos los diezmos al alfolí y haya alimento en mi casa; y probadme ahora en esto, dice Jehová de los ejércitos, sino os abriré la ventana de los cielos, y derramaré sobre vosotros bendición hasta que sobreabunde." (Mal.3:10).

"Honra a Jehová con tus bienes, y con las primicias de todos tus frutos." (Pr.3:9).

Una gran proporción de las peticiones por parte del cristiano están relacionadas con la solución de problemas económicos, deudas que lo abruman, falta de trabajo, crisis en el matrimonio por dinero y otros. Podemos identificar que el cristiano maneja su dinero cometiendo los siete errores vistos anteriormente, muy a pesar de que él tiene lineamientos bíblicos infalibles, pero que no los observa. El resultado es que él vive en crisis constante en sus finanzas familiares.

¿Qué errores cometo en mis finanzas?		
¿Me endeudo fácilmente?	SI	NO
¿Idolatro el dinero?	SI	NO
¿Soy flojo e irresponsable?	SI	NO
¿Ignoro la mayordomía?	SI	NO
¿Jamás soy previsor?	SI	NO
¿Difícilmente ayudo a los demás?	SI	NO
¿Me olvido de dar el diezmo?	SI	NO

Las respuestas negativas significarán para ti tus debilidades en el manejo de las finanzas familiares y, por tanto, serán tus obstáculos a vencer.

La crisis del cristiano ocurre por desobedecer los lineamientos que Dios le ha dado para vivir.

Capítulo Cuatro

El Dinero Desde La Perspectiva de Dios

"Todo lo que el hombre sembrare eso también segará." Gá. 6:7

n el mundo actual en que vivimos, el dinero parece ser la clave para lograr todo, al menos así lo considera la mayoría de la gente. Expresiones como "el dinero es la clave de la felicidad", "el dinero proporciona seguridad", "el dinero es la solución de todos los problemas", "hay que buscar la lana, la fama y la dama", y muchas otras, solamente despiertan mayor pasión por ese recurso. Esto también explica el éxito que alcanzan libros como: Piense y hágase rico, Tenga una personalidad de un millón de dólares, La clave de la riqueza, Millonario en un minuto, entre otros, que en su mayoría contribuyen

a despertar pasiones por el dinero mismo, y de hacerse "rico" a cualquier precio; en última instancia se dice, que el fin justifica los medios.

El dinero en sí no es bueno ni malo; sólo que resulta peligroso por el hecho de que el amor al mismo puede llegar a ser nocivo. Con dinero un hombre puede hacer mucho bien y también mucho mal; como servir egoístamente a sus propios intereses y deseos o responder con generosidad al grito de la necesidad de su prójimo; comprar las cosas prohibidas y facilitarse el sendero de la maldad, o hacer más fácil vivir como Dios quiere que viva. El dinero trae consigo poder; y el poder supone siempre un arma de dos filos, ya que es efectivo para el bien y para el mal.

Sin embargo, Dios le da una dimensión diferente, la de *ser un medio, más que un fin en sí mismo*, y más como una forma de acercarse al Creador que un medio para alejarse de él. En efecto, el dinero es de especial importancia para Dios por la manera en como lo trata en el curso de la Palabra; en la Biblia hay más de 2,350 versículos que se refieren al dinero y a las posesiones. A excepción del Reino de Dios, Jesús habló con más frecuencia sobre el dinero que sobre otra cuestión, razón por la cual sus relatos están encaminados a hacer notar los peligros que entraña la riqueza cuando ésta es tomada como un fin en sí misma.

Es preciso entender que para Jesús, como también para el mundo económico y financiero, el dinero en sí mismo no es malo si se utiliza como un simple medio de cambio, porque sencillamente es más funcional que practicar el antiguo trueque. En cambio, las actitudes y uso que el hombre le da al dinero es lo que lo matizan para que parezca bueno o malo. En otras palabras, el dinero puede ser matizado en dos formas diferentes: Positiva y negativa (Lc. 19: 1-8; Mr. 10:23, 24).

Dimensión negativa hacia el dinero

"Cuando tenemos una actitud de adoración hacia el dinero, éste adquiere una dimensión de un dios, y se convierte en una amenaza para nuestras relaciones con Dios y con los demás."

"Poderoso caballero es don dinero", dice el refrán popular que destaca el poder asignado al dinero. Y efectivamente el dinero es percibido generalmente como poder, sin embargo, hay que entenderlo a la luz de las enseñanzas contenidas en el Nuevo Testamento, es decir, en le mundo en que vivimos, en donde se mueven los "principados y potestades".

"Porque en él –Jesús- fueron creadas todas las cosas, las que hay en los cielos y las que hay en la tierra, visibles e invisibles; sean tronos, sean dominios, sean principados, sean potestades; todo fue creado por medio de él y para él." (Col. 1:16).

Pablo hablaba de las potestades describiéndolas al mismo tiempo como fuerzas estabilizadoras en el gobierno

Romano (Ro. 13:1). Y también como fuerzas demoníacas contra las cuales hay que librar combate (Ef. 6:12). La convicción de Pablo era que detrás de los gobernadores estaban las autoridades y los poderes espirituales invisibles de una naturaleza angelical o demoníaca. El dinero representaba uno de esos poderes, por eso cuando Jesús utilizó el termino Arameo *Mamón* para referirse a las riquezas, le dio un carácter espiritual (Mt. 6:24).

Jesús dejó claro que a la riqueza, o sea **al dinero, le es endosado un poder que trata de dominarnos**, porque detrás del dinero hay fuerzas que lo mueven, que lo hacen un agente demasiado activo, para hacer seguidores que lo idolatren y le rindan devoción. Analicemos el caso del joven rico, que le preguntó a Jesús, qué debería hacer para heredar la vida eterna. El hombre afirmaba categóricamente que había guardado todos los mandamientos de Dios: no había adulterado, matado, hurtado, dicho falso testimonio, ni defraudado. Además había honrado a su padre y madre. (Mr. 10:21).

Jesús el hijo de Dios que se hizo pobre, exhortó al joven rico a que vendiera sus posesiones, las diese a los pobres y le siguiese en su camino. Jesús hizo esta exhortación al joven rico **NO** porque fuera dueño de sus riquezas, sino porque se dio cuenta que **Las riquezas se habían apoderado de su dueño.**

Que quede bien claro: Jesús en ningún momento condenó tener riquezas, y Él precisó más adelante, en ese mismo pasaje, cuando se dirigió a sus discípulos: *Los* *discípulos se asombraron de sus palabras; pero Jesús, respondiendo volvió a decirles: Hijos, ¡cuán difícil le es entrar en el Reino de Dios, <u>a los que confían en las riquezas!</u>* (Mr. 10:34, 35).

Adviértase que Jesús dijo: *a los que confían en las riquezas*. Esto lo reafirma el Apóstol Pablo, cuando dice: *"Porque raíz de todos los males es el amor al dinero..."* (1 Ti. 6:10). Pablo señala claramente que *el amor al dinero* **NO** dijo **el DINERO** es la raíz de todos los males.

¡La actitud hacia el dinero es lo que perdió al joven rico! Como a mucha otra gente ha perdido, pierde y seguirá perdiendo.

No olvidemos el peligro de los tiempos actuales en los cuales la gente y los medios de comunicación hablan de crisis económica por un lado, y por el otro de la facilidad para adquirir las posesiones, creando un ambiente que proporciona condiciones para la avaricia e idolatría hacía el dinero. Esta actitud que frecuentemente hace que los individuos cometan cualquier cosa por tener más y más dinero; de olvidarse de su creador y afanarse por las riquezas de este mundo. Desconocen aquellas palabras del rey Salomón, cuando expresó su triste sentir hacia la acumulación y el amor al dinero: *"El que ama el dinero, no se saciará de dinero; y el que ama el mucho tener, no sacará fruto..."* (Ec. 5:10). O cuando expresó estas otras palabras: *"Ciertamente como una sombra es el hombre; ciertamente en vano se afana; acumula riquezas y no sabe quién las recogerá."* (Sal. 39:6).

No importa lo rico que una persona sea, nadie se puede llevar sus riquezas fuera de este mundo. John D. Rockefeller fue uno de los hombres más ricos de los Estados Unidos, y tal vez del mundo. Al morir alguien le preguntó a su contador y notario: "¿Cuánta fortuna dejó el señor Rockefeller?" La respuesta fue "todo".

La dimensión positiva hacia el dinero

La actitud hacia el dinero es lo que le da matiz a éste, sea para alejarnos o para acercarnos a Dios.

El otro matiz del dinero refleja su lado positivo, que se ve cuando se utiliza como un **medio de cambio**, con un propósito elevado y con un espíritu generoso que fortalece nuestras relaciones con el Todopoderoso. Un ejemplo clásico es el caso del buen samaritano, que utilizó generosamente su dinero y se acercó a Dios, a diferencia del sacerdote y del levita que se pasaron de largo sobre el hombre que los ladrones habían dejado medio muerto.

"Aconteció que descendió un sacerdote por aquel camino, y viéndole, pasó de largo. Asimismo un levita, llegando cerca de aquel lugar, y viéndole, pasó de largo. Pero un samaritano, que iba de camino, vino cerca de él, y viéndole, fue movido a misericordia; y acercándose, vendó sus heridas, echándoles aceite y vino; y poniéndole en su cabalgadura, lo llevó al mesón, y cuidó de él. Otro día al partir, sacó dos denarios, y los dio al mesonero, y le dijo: Cuídamele; y todo lo que gastes de más, yo te lo pagaré cuando regrese. ¿Quién, pues, de estos tres te parece que

fue el prójimo del que cayó en manos de los ladrones? Él dijo: El que usó de misericordia con él. Entonces Jesús le dijo: Ve, y haz tú lo mismo." (Lc. 10: 31- 37).

En este pasaje, el buen samaritano utilizó el dinero como un simple medio, y destacó su amor y misericordia hacia el prójimo. Por lo que dijo Jesús en relación al buen samaritano, éste se acercó más a Dios.

Otro caso que ilustra la dimensión positiva del dinero es la reunión que Jesús tuvo con Zaqueo, quien era el jefe de los recaudadores de impuestos, y el dinero lo era todo para él. *"...Entonces Zaqueo, puesto en pie, dijo al Señor: He aquí, Señor, la mitad de mis bienes doy a los pobres; y si en algo he defraudado a alguno, se lo devuelvo cuadruplicado."* (Lc. 19:1-8).

Pero lo más interesante es el anuncio que hace Jesús: *Hoy ha venido la salvación a esta casa,* (Lc. 19:9). La nueva actitud de Zaqueo hacia el dinero, lo hizo ser salvo y estar ¡cerca de Dios!

El dinero como indicador espiritual

"Porqué donde esté vuestro tesoro, allí estará también vuestro corazón." (Mt. 6:21).

Para evaluar situaciones de negocios, de deportes y o personales, se requieren ciertos indicadores, por ejemplo: las calificaciones son un indicador de cómo anda el alumno, las utilidades califican a un negocio, o unas encuestas de opinión nos dan elementos para evaluar la imagen que guarda un político o un programa de gobierno.

Es indudable que la dimensión espiritual del hombre es la parte que más interesa a Dios, debido a que es el medio por el cual ambos establecen una relación. Lo importante para Dios es saber qué tan cercano a Él se encuentra el hombre. Así, **el dinero se convierte en un indicador espiritual** que refleja la cercanía de esa relación.

El conmovedor pasaje de la ofrenda de la viuda pobre muestra que para Dios, la actitud hacia el dinero es un indicador espiritual: *"...De cierto os digo que esta viuda pobre echó más que todos los que han echado en el arca; porque todos han echado de lo que les sobra; pero ésta, de su pobreza echó todo lo que tenía, todo su sustento."* (Mr. 12: 41-44).

Observemos que la verdadera finalidad de Jesús, al mirar lo que el pueblo echaba en el arca, era conocer el espíritu y la actitud con que lo hacían. NO la cantidad que daban. Jesús también refirió la parábola de un hombre de negocios, rico, que confirma la actitud del dinero como indicador espiritual:

"La tierra de cierto hombre rico había producido mucho. Y pensaba dentro de sí, diciendo: ¿Qué haré, ya que no tengo donde almacenar mis cosechas? Entonces dijo: Esto haré; derribaré mis graneros y edificaré otros más grandes, y allí almacenaré todo mi grano y mis bienes. Y diré a mí alma: Alma, tienes muchos bienes depositados

para muchos años; descanza, come, bebe y diviértete. Pero Dios le dijo: ¡Necio! Esta misma noche reclaman tu alma, y ahora, ¿para quién será lo que has provisto?" (Lc. 12: 16-20).

Esta parábola esta vigente entre los hombres de negocios y ricos de ahora, por lo que parafraseándola y transportándola al presente, diría: "Las empresas de cierto hombre de negocios habían producido altos rendimientos. Y pensaba dentro de sí, diciendo: ¿Qué haré, ya que no tengo dónde invertir más en este negocio? Entonces dijo: Esto haré; sacaré dólares y los depositaré en el extranjero, entraré a la bolsa de valores ahora que está en su nivel mínimo, diversificaré en Tesobonos, Cetes, oro y bienes raíces. Así invertiré todo mi dinero y mis bienes. Y diré a mi alma, tienes muchas inversiones para muchos años; viaja a Europa, despilfarra en fiestas, juego, mujeres y vino. Pero Dios le dijo: ¡Necio! Esta misma noche embargan tu alma, y ahora, ¿para quién será lo que has provisto?"

La actitud hacia el dinero, en el caso del hombre rico de la parábola, es un indicador espiritual, pues muestra dónde tenía su corazón y su prioridad. Adviértase el **egocentrismo del hombre** rico: todo giraba en torno al "**yo**" y "**mis**", como si hubiera comprado una larga vida. En ningún momento pensó en Dios o en los demás, pues su vida estaba centrada en sí mismo y en las cosas materiales. Confiaba en sus riquezas y no en su Creador, como si todo en la vida fuera poseer bienes.

Después de que Jesús refirió la parábola del rico

insensato, dejó de hablar a la multitud y se dirigió a sus discípulos para hablar sobre el significado de la vida y del comportamiento del hombre. Finalmente da una "fórmula" clave para tener una vida de paz y de éxito cerca de Dios: *"Mas buscad primeramente el Reino de Dios y su Justicia, y todas estas cosas serán añadidas."* (Lc. 12:31).

La actitud hacia el dinero, como indicador espiritual, queda de manifiesto porque en ella se refleja nuestro amor hacia Dios y hacia el prójimo. Además, el dinero es una parte importante en la vida de cada uno de nosotros; en una u otra forma la mayoría de las decisiones que tomamos están vinculadas al dinero: estilo de vida, educación de los hijos, cultura, trabajo, diversiones, amistades, intereses y casi todo lo demás. Definitivamente el uso del dinero es parte de la personalidad de cada individuo, como lo expresó acertadamente Richard J. Foster, autor de Dinero, sexo y poder:

"En un sentido, el dinero es personalidad acuñada: está tan ligado a lo que somos, que, cuando lo damos, nos estamos dando a nosotros mismos."

Una primer decisión para el manejo adecuado y acertado de nuestras finanzas familiares es modificar nuestra actitud hacia el dinero. Pensar que es un indicador espiritual y, por tanto, de nuestra relación con Dios.

Hagamos que nuestra actitud hacia el dinero sea positiva, para que al usarlo nos estemos acercando a Dios.

Capítulo Cinco

Siete Principios Para Obtener Éxito En El Trabajo

"Encomienda al Señor tus obras, y tus pensamientos serán afirmados." Pr. 16:3

n primer paso para nuestro desarrollo ocupacional o laboral, es examinar cuál es el significado que tenemos de él.

Para ti, cuál es el significado de tu trabajo:
¿Es una carga?
¿Es una forma de sobrevivir?
¿Es un medio?
¿Es desarrollo personal?
¿Es un reto?

El significado que le demos al trabajo estará dependiendo de dos aspectos:

· El conocimiento de uno mismo y de su propósito en la vida.
· El conocimiento y desarrollo de las

propias capacidades, habilidades y conocimientos.

En nuestro mundo, millones de personas aceptan trabajos tan sólo por la idea de ganar dinero, sin un propósito mejor que contemple la posibilidad de cultivar sus capacidades y habilidades. O sea que no tienen oportunidad ni deseos de encontrar su auto desarrollo en todo su potencial. Actúan así porque no se han descubierto a sí mismos, no tienen fe ni confianza para llegar a niveles superiores; emprenden su trabajo sin entusiasmo y no perseveran, por ello no conocen lo que verdaderamente tienen de grande y valioso. Por lo tanto, lo primero que debemos hacer es identificar y desarrollar nuestras capacidades, como lo comenta el ilustre profesor español Salvador Iserte: *"El que desarrolla sus capacidades se ve compensado no solamente por lo que recibe, sino por lo que llega a ser. El desarrollo del poder legítimo es su verdadera recompensa, y lo capacita para llevar mayores responsabilidades conforme avanza"*.

La importancia que tiene el trabajo como una fuente generadora de ingresos, nos sugiere que si queremos elevar éstos, tendremos que elevar la calidad del primero, es decir, incrementar y mejorar nuestras habilidades, capacidades y conocimientos, así como nuestras actitudes y comportamiento hacia estos y el propio trabajo, y por supuesto nuestra relación con Dios, *"Fíate del Señor de todo tu corazón, y no te apoyes en tu propia prudencia. Reconócelo en todos tus caminos, y el enderezará tus veredas."* (Pr. 3:5,6).

Como creyentes, debemos considerar que el trabajo es una bendición y un compromiso, conforme los conceptos que fueron expresados por C.H. Spurgeon hace muchos años, pero que mantienen su frescura hasta nuestros días: *"A la vista de Dios no sería una bendición que nosotros viviéramos sin esfuerzo, ni que comiéramos el pan no ganado, sino dependiendo de otro; el estado feliz en la tierra es que tengamos algo que hacer, y un justo resultado de lo que hacemos. Esto, con la bendición divina, es todo lo que hemos de desear, y es suficiente para todo hombre que teme al Señor y aborrece la codicia. Teniendo alimento y vestido estemos contentos con ello."*

Como todo aquello que está relacionado con el comportamiento humano, la Biblia tiene sus principios de fácil comprensión y gran oportunidad, validez y permanencia. Para el caso particular de nuestro trabajo, tanto como fuente generadora de ingresos como de una forma de vida y de desarrollo personal, podemos derivar siete principios clave.

1) Ten un plan y propósito en la vida.

Evita que tu vida sea empujada por las circunstancias debido a que no sabes lo que quieres y no tienes un objetivo preciso. Formula un plan personal en el que consideres tu trabajo, tu familia, tus relaciones con los demás, tu salud, tu vida espiritual.

"El hombre de doble ánimo es inconstante en todos sus caminos." (Stg. 1:8).

El trabajo es la principal fuente de ingresos, y es el lugar en donde vamos a estar una tercera parte de nuestra vida productiva; por lo tanto debemos hacer algo que nos guste, nos realice y nos haga crecer. La Biblia no exalta un trabajo sobre otro, sino que cada uno cumple una función diferente.

2) Manten un equilibrio entre tu trabajo y demás áreas de tu vida personal y familiar.

Recuerda siempre el orden de prioridades que Dios a establecido: Dios, la familia y después de eso, el trabajo. Por eso es importante que cuidemos el peso que se le dé al trabajo, en relación a tu familia, tu salud y tu vida espiritual.

"Con sabiduría se edificará la casa, y con prudencia se afirmará; y con ciencia se llenarán las cámaras de todo bien preciado y agradable." (Pr. 24:3, 4).

"¿Qué provecho tiene el hombre de todo su trabajo con que se afana debajo del sol?" (Ec. 1:3).

3) No seas flojo, trabaja en forma extraordinaria pero con propósito.

"El alma del perezoso desea, y nada alcanza; mas el alma de los diligentes será prosperada." (Pr. 13:4; 12:27).

"Ve a la hormiga, oh perezoso, mira sus caminos

y sé sabio." (Pr. 6:6). Nunca esperes recibir un pago extraordinario por un trabajo ordinario. Ten iniciativa en tu trabajo y jamás demuestres pereza.

El trabajo es necesario: *"Si alguno no quiere trabajar, tampoco coma."* (2 Ts. 3:10).

El trabajo desarrolla el carácter: *"La mano de los diligentes señoreará; más la negligente será tributaria" (Pr. 12:24).* No solamente es para tener dinero. La primer tarea que Dios le asignó al hombre fue el trabajo: *"Tomó pues, Jehová Dios al hombre, y lo puso en el huerto del edén, para que lo labrara y lo guardase."* (Gn. 2:15).

Debemos trabajar duro; *"Todo lo que te viniere a la mano para hacer, hazlo según tus fuerzas; porque al Seol, a donde vas, no hay obra, ni trabajo, ni ciencia, ni sabiduría."* (Ec. 9:10).

"También el que es negligente en su trabajo, es hermano del hombre disipador." (Pr. 18:9; 10:4).

"...Sino que trabajamos con afán y fatiga de día y de noche, para no ser gravosos a ninguno de vosotros..." (2 Ts. 3: 8,9):

Pero nuestro trabajo debe ser sin exceso, o sin necesidad de sacrificar otros aspectos de nuestra vida. *"Seis días trabajarás, más en el séptimo día descansarás, aún en la arada y en la siega, descansarás"* (Éx. 34: 21).

4) Ama tu trabajo.

Míralo como un reto y una forma de desarrollo personal, para que te realices con excelencia. En toda tarea o trabajo que *desempeñes* tómalo como una oportunidad para obtener experiencia, desarrollar conocimientos o un reto para lograr mejoras personales. Desempéñalo con la mayor calidad posible, como si fuera para Dios.

"Y todo lo que hagáis, hacedlo de corazón, como para el Señor y no para los hombres; sabiendo que del Señor recibiréis la recompensa de la herencia, porque a Cristo el Señor servís." (Col.3: 23,24).

5) Trata al personal que dependa de ti, o a tus empleadores, y en general a tus compañeros de trabajo, como te gustaría que ellos te traten.

Los programas más perjudiciales en el trabajo son los relacionados con la gente; si tú tienes la habilidad para solucionarlos o minimizarlos te ayudará a progresar en el trabajo y te proyectará como líder.

"Un mandamiento nuevo os doy: Que os améis unos a otros; como yo os he amado, que también os améis unos a otros." (Jn. 13:34).

"Así que, todas las cosas que queréis que los hombres hagan con vosotros, así también haced vosotros con ellos..." (Mt. 7:12).

Debemos honrar a nuestros empleadores: *"Criados (léase empleados), estad sujetos con todo respeto a nuestros amos (empleadores); no solamente a los buenos y afables, sino también a los difíciles de soportar."* (1 P. 2:18).

Debemos honrar a nuestros compañeros de trabajo y nunca difamarlos: *"No acuses al siervo (léase empleado) ante su señor (empleador), no sea que te maldiga, y lleves el castigo."* (Pr. 30:10).

6) Trabaja con honradez y lealtad a tu empresa.

Demuestra siempre honradez en el uso de todo cuanto se te confía: dinero, recursos, información, para desempeñar tu trabajo, y sé leal a tus jefes y empresa. *"El que es fiel en lo muy poco, también en lo más es fiel; y el que en lo muy poco es injusto, también en lo más es injusto."* (Lc. 16:10).

Dios es el que nos da el éxito, y cuando somos leales y honestos; Él lo hace en su tiempo, como lo hizo con José: *"Más Jehová estaba con José, y fue varón próspero; y estaba en la casa de su amo el egipcio. Y vio su amo que Jehová estaba con él, y todo lo que él hacía, Jehová lo hacía prosperar en su mano."* (Gn. 39:2,3). Dios es el que controla los ascensos y avances laborales, lo que nosotros tenemos que hacer siempre es nuestro mejor esfuerzo: *"Porque ni de oriente ni de occidente, ni del desierto viene el enaltecimiento. Mas Dios es el juez; a éste humilla y aquel enaltece."* (Sal. 75:6,7).

7) *Manténte actualizado, y maneja información sobre tu campo de trabajo y de interés general.*

Ahora en día, para progresar, es necesario mantenerse actualizado en lo referente a su trabajo, y tener la suficiente información de los acontecimientos cotidianos.

"¿Has visto hombre solícito en su trabajo? Delante de los reyes estará; no estará delante de los de baja condición." (Pr. 22:29). Hoy más que nunca con el sistema de globalización mundial, todo trabajador debe conocer aparte de todas sus funciones laborales y pertinentes a su puesto, un mínimo de computación y de ser posible otro idioma; ya que está calculado que para dentro de 10 años la persona que no domine un mínimo de dos lenguas, será analfabeta.

Dios es el que nos da las habilidades para realizar nuestro trabajo: *"Y todo hombre sabio de corazón a quién Jehová dio sabiduría e inteligencia para saber hacer toda la obra del servicio del santuario, harán todas las cosas que ha mandado Jehová."* (Éx. 36:1). Por lo tanto nuestra responsabilidad es estar actualizados en todo lo que concierne a nuestra rama laboral.

Cuando el profeta Oseas declaró: *"Mi pueblo fue destruido porqué le faltó conocimiento."* (Os. 6:3). Estaba en lo correcto, así es que nuestro deber es aprender y actualizarnos continuamente.

Capítulo Seis

Siete Principios Para Utilizar El Dinero

"La crisis en las finanzas familiares. No es por falta de ingresos, sino por la mala utilización del dinero. (distribución de los recursos)"

l otro aspecto de la administración financiera se refiere a la **utilización** de los recursos que se han **obtenido**, que resulta ser de vital importancia, principalmente en el manejo de las finanzas personales.

Es frecuente que la gente llegue a tener problemas financieros, no porque esté desprovista de dinero, sino por la mala distribución que hace del mismo, es decir, *porque sus egresos exceden a sus ingresos*, originándole de esa manera un desequilibrio financiero. La razón principal es que la mayoría de la gente adquiere casi todo lo que le ofrecen, sobre todo cuando tiene tarjetas de crédito o se le presentan los llamados *"abonos fáciles"* pero que al incrementarse con los intereses se convierten en pagos *"difíciles"*.

Ahora en día, cuando el costo de la vida es elevado y cada vez es más difícil obtener financiamientos, así como otros factores propios del sistema económico en que vivimos, el manejo de los recursos económicos y financieros también es más complejo. En este contexto, la administración financiera, como una disciplina y función organizacional que es desempeñada por expertos, cobra importancia, porque de su gestión estará dependiendo en gran parte que las empresas lleguen a tener beneficios económicos-financieros o, al menos minimicen sus pérdidas.

Es definitivo que la economía familiar debe manejarse con un criterio y principios de la actual administración financiera. Ahora más que nunca se requiere tener un presupuesto para manejar el dinero y hacerlo con un sentido de mayordomía.

Tradicionalmente la administración financiera se ha definido en su forma más sencilla, como: *"Obtener y utilizar eficientemente los fondos necesarios para operar una empresa, buscando siempre que los recursos que se obtengan excedan al total de las erogaciones"*.

Esta definición, así como una serie de principios vinculados a la administración financiera son básicos para el acertado manejo de nuestras finanzas familiares.

La definición anterior de administración financiera la podemos trasplantar al ámbito de nuestras finanzas personales, diciendo que es: *"Obtener y utilizar el dinero en y para la unidad familiar, de manera que se logre el cumplimiento de su misión y propósito"*. Esta definición, inmediatamente nos hace ver dos aspectos propios de la administración financiera: **obtener** y **utilizar**.

Administración Financiera	
Obtener	**Utilizar**
Generar Ingresos	Egresos
Costos	Beneficios o valor recibido

El esquema anterior nos hace hincapié en que desde el punto de vista financiero, **obtener** el dinero o los recursos económicos implica un **costo**.

Los ingresos que la gente percibe por sueldos o salarios tiene un costo: la gente necesita energías para cumplir con su trabajo, además de otros satisfactores emocionales y aún espirituales.

En el caso del dinero obtenido vía crédito, tarjetas o préstamos el costo está representado por los intereses que se tienen que pagar.

Por lo que **utilizar** el dinero, implica aplicarlo con "sabiduría", de manera que la erogación incurrida traiga beneficios o valor. Por ejemplo; el pago de una colegiatura tiene el beneficio de la educación y desarrollo de los hijos, en el pago de la renta o adquisición de una vivienda, los beneficios son obvios.

Por lo tanto, el manejo acertado de las finanzas implica mantener un equilibrio entre los recursos que se **obtienen**, o sea los ingresos familiares, y los desembolsos o **erogaciones** que se hacen, es decir la forma como se utiliza.

Si los recursos superan a los egresos se incrementará la capacidad del ahorro familiar, pero si las erogaciones superan a los ingresos, el resultado es una **crisis financiera**... y familiar; por eso para evitar que eso suceda necesitamos aprender los principios para utilizar correctamente el dinero.

1) Formula un presupuesto anual y mensual y utilízalo principalmente para distribuir tu dinero y decidir sobre tus gastos.

Generalmente las crisis económicas y financieras se originan por no programar y distribuir racionalmente el uso del dinero, ya que por lo regular se tiende a gastar más de lo que se gana. El uso de un presupuesto significa establecer una serie de normas y límites para hacer desembolsos; cuidando de tener excedente de los ingresos sobre los egresos o, al menos, un equilibrio entre ambos. El presupuesto también es una disciplina para vivir conforme al nivel de ingresos que tenemos.

"Porque ¿quién de vosotros, queriendo edificar una

torre, no se sienta primero y calcula los gastos, a ver si tiene lo que necesita para acabarla? No sea que después de que haya puesto el cimiento, y no pueda acabarla, todos los lo vean comiencen a hacer burla de él..." (Lc. 14: 28,29).

Nota importante: Un capítulo posterior, será dedicado exclusivamente a la forma de elaborar un presupuesto familiar.

2) Ayuda a los demás en la medida de tus posibilidades.

Sé una persona generosa y ayuda a los demás, considerando que esto NO es un gasto, sino una inversión para la eternidad.

"Que hagan bien, que sean ricos en **buenas obras**, *dadivosos, generosos; atesorando para sí buen fundamento para lo por venir, que echen mano de la vida eterna."* (1 Ti. 6:18,19).

3) Gasta tu dinero con inteligencia, cuestiona las compras y piensa en tus objetivos personales y familiares.

"Hombre necesitado será el que ama el deleite, y el que ama el vino y los unguentos no se enriquecerá." (Pr. 21:17). La experiencia ha demostrado que es en este aspecto donde más fallan los individuos, porque generalmente son compradores compulsivos. Para evitar comprar por comprar, y comprar sin propósito, es necesario tener un presupuesto y, además, eliminar el impulso irracional de

las compras. Para este fin, antes de cada adquisición de cierta importancia, pregúntate:

Preguntas antes de comprar
¿Realmente necesito esto?
¿Qué pasaría si no lo compro?
¿Lo estoy comprando para impresionar a alguien?
¿Quién o quiénes se beneficiarán con esta compra?
¿Cómo lo pagaré?
¿Cómo afecta mi presupuesto?
¿Esta adquisición da gloria a Dios?

¿Porqué gastáis el dinero en lo que no es pan, y vuestro trabajo en lo que no sacia? Oídme atentamente y comed del bien, y se deleitará vuestra alma con grosura." (Is. 55:2).

4) Evita el uso de las tarjetas de crédito, si no tienes autocontrol. Evita contraer deudas y las compras en abonos.

"Y el que toma prestado es siervo del que presta." (Pr. 22.7).

Si tienes tarjetas de crédito huye de ellas, y si tienes que utilizarlas ve el efecto de los intereses en tu presupuesto familiar. Analiza el impacto económico y financiero de cualquier crédito. Siempre que uses tus tarjetas de crédito, házlo bajo las siguientes normas:

Principios para utilizar una tarjeta de crédito

① Nunca compres con tarjeta lo que no esté presupuestado:

Si no está dentro del plan económico de la familia, da media vuelta y márchate. Como dice el viejo y conocido refrán: *"Nunca desvistas a un santo para tapar a otro, nunca destapes un nuevo agujero, para tapar otro."*

② Comprométete a pagar cada mes el 100% del saldo :

Haz este compromiso hoy mismo. Aunque ya tengas muchas deudas en tu tarjeta, prométete que cuando llegue el fin del mes pagarás todo lo que cargaste a tu tarjeta durante el mes y además los intereses correspondientes. De esa manera te asegurarás de no caer más profundamente en un pozo de crisis financiera. La única manera de usar correctamente una tarjeta de crédito es cuando tú compras sólo lo que has presupuestado y puedes pagarlo todo a fin de mes.

③ Comprométete a no usar más tu tarjeta de crédito:

Si tú has hecho el compromiso de pagar cada mes todo lo que compras con la tarjeta de crédito, y hay un mes en el que no puede cumplir con su promesa, debes aplicar este tercer principio que es, en realidad, una buena forma de practicar nuestras habilidades como chef... Calienta el horno a fuego mediano hasta llegar a los 170° C (350° F). Prepara una bandeja para pizza y úntala con aceite o manteca. Coloca tus tarjetas en la bandeja y pónla en el horno durante 15 minutos. Llama a las compañías, y les dices que, cuando caduque la tarjeta, no quieres que te manden ningún reemplazo.

No te sientas mal. Esto no quiere decir que uno es un inútil porque las tarjetas no son para uno. Si tú cumples en tu vida financiera estos tres simples principios económicos en cuanto a las tarjetas de crédito, no volverás a tener problemas con este tipo de deudas.

5) *Desarrolla el hábito del ahorro.*

"Tesoro precioso y aceite hay en la casa del sabio; más el hombre insensato todo lo disipa." (Pr. 21:20).

Porqué, cómo y cuánto ahorrar

La Biblia nos alienta a ahorrar. Pr. 21: 20 José ahorró durante siete años para los tiempos de escasez. Gn. 41 No importa que se inicie con poco, pero hay que comenzar con algo, Pr. 6:6-8	**Cómo** La Biblia nos alienta a ahorrar regularmente. *"Los pensamientos del diligente ciertamente tienden a la abundancia; más todo el que se apresura alocadamente, de cierto va a la pobreza"* Pr.21:5. Ahorrar: es no gastarse todo lo que se tiene hoy. Hay que abstenernos de nuestros placeres y deseos para lograrlo.
Cuánto *"Haga esto Faraón, y ponga gobernadores sobre el país, y quinte la tierra de Egipto en los siete años de la abundancia."* Gn. 41:34. Aparte de este ejemplo, no hay ninguna cantidad, pero por lo menos debemos ahorrar un 5% o 10% de nuestros ingresos totales.	**Porqué** Para tener ahorros en casos de emergencias inesperadas, Pr. 20:21. Para tener ahorros cuando necesitemos hacer una compra grande, Pr. 6:6-8. Para tener ahorro para necesidades en el futuro. Pr. 30: 24,25; 2 Co. 8:24.

Acostúmbrate a ahorrar semanal, quincenal o mensualmente, aunque sea una pequeña cantidad, que al ser manejada apropiadamente, el día de mañana puede representar una inversión de importancia.

La clave para ahorrar con sabiduría, es gastar menos de lo que ganamos.

6) *Busca siempre el consejo, y después toma las decisiones.*

"Escucha el consejo, y recibe la corrección, para que seas sabio." (Pr. 19:20).

El propósito del consejo es tomar decisiones sabias con respecto a nuestras finanzas. El orgullo y la terquedad son dos grandes obstáculos que nos impiden pedir consejo. (Pr. 12:15).

Huye de los adivinadores, mediums o espiritistas.

Jamás debemos tener prácticas ocultistas, bajo ninguna circunstancia, y menos tratando de confiar en la suerte para enriquecernos.

"No volváis a los encantadores ni a los adivinos; no los consultéis, contaminándoos con ellos. Yo Jehová vuestro Dios." (Lv. 19:31).

A quién pedirle consejo

▶ **A nuestro cónyuge;** *"No es bueno que el hombre esté sólo; le haré ayuda idónea para él,* Gn. 21:18. Mi esposa es la que sabe lo que yo necesito. Tengo la obligación de escuchar el consejo de mi esposa, no la obligación de hacer lo que ella dice.

▶ **A nuestros padres;** *"Guarda, hijo mío, el mandamiento de tu padre, y no dejes la enseñanza de tu madre; átalos siempre en tu corazón, enlázalos en tu cuello. Te guiarán cuando andes; cuando duermas te guardarán; hablarán contigo cuando despiertes."* Pr. 6:20-22

▶ **En la Palabra de Dios;** *"Porqué la Palabra de Dios es viva y eficaz, y más cortante que toda espada de dos filos... y discierne los pensamientos y las intenciones del corazón."* He. 4:12; Sal.119: 24

▶ **Directamente a Dios, por medio de la oración;** Porqué así se consigue la dirección de la perfecta voluntad de Dios, Is. 9:6; Sal. 32: 8

▶ **A consejeros cristianos de buen testimonio**; *"El que anda con sabios, sabio será; más el que se junta con necios será quebrantado."* Pr. 13:20

▶ **A los expertos;** Cuando tengas dudas sobre alguna inversión –casa, departamento, formas de ahorrar, etc. – no dudes en buscar el consejo de algún experto financiero; *"Donde no hay dirección sabia, caerá el pueblo; más en la multitud de consejeros hay sabiduría."* Pr. 11:14

7) Diezma, diezma, diezma, diezma, diezma, diezma y diezma.

Jamás dudes en dar tu diezmo, toma en cuenta que es la parte de tus ingresos que le corresponde al creador, exactamente como el IVA retenido le corresponde al gobierno.

"¿Robará el hombre a Dios? Pues vosotros me habéis robado. Y dijisteis: ¿En qué te hemos robado? En vuestros diezmos y ofrendas. Malditos sois con maldición, porque vosotros, la nación toda, me habéis robado. Traed los diezmos al alfolí y haya alimento en mi casa; y probadme ahora en esto, dice Jehová de los ejércitos, si no os abriré la ventana de los cielos, y derramaré sobre vosotros bendición hasta que sobreabunde" (Mal. 3:8-10).

"Honra al Señor con tus bienes, y con las primicias de todos tus frutos..." (Pr. 3:9). No olvides que desde el punto de vista financiero, el utilizar el dinero en algo, sea para gastar o invertir, el propósito debe ser obtener un beneficio que finalmente también sea financiero; empero, lo que se refiere a las finanzas familiares conforme a los siete principios anteriores, el beneficio debe ser congruente con la misma Palabra de Dios, en cuanto a nuestra propia relación con el Creador, con nuestra familia, con los demás y en general, con el uso de los recursos que Él ha puesto a nuestra disposición.

Recuerda que manejar los recursos con un sentido de mayordomía es hacerlo con un criterio de un gerente profesional a quien se le ha encomendado dirigir una empresa. Esto implica que tú debes manejar total y acertadamente a la empresa, independientemente de que haya funciones específicas de ventas, producción, finanzas, personal; sin embargo, el parámetro para medir tu actuación como gerente profesional está en los resultados financieros. O sea que debes obtener los recursos y utilizarlos adecuadamente, de manera que haya excedente de lo que se obtiene con respecto a lo que se eroga.

El manejo de las finanzas

Debemos trabajar utilizando, y cultivando los dones que Dios nos ha dado, y vivamos con un sentido de misión y propósito.

Manejemos los recursos y talentos que Dios nos proporciona, observando los principios que Él también nos ha facilitado.

Vivamos con un sentido de mayordomía en el manejo de los recursos que se nos han dado.

La fórmula elemental para un manejo apropiado de nuestras finanzas familiares se encuentra en mantener una relación entre los ingresos y los egresos, de manera que estos sean inferiores a los primeros y, de ser posible, permitan un ahorro e inversión creciente.

Seguramente que a Dios le agradará más que actuemos, aún cuando nos equivoquemos, a que nos equivoquemos porque no hacemos nada.

Capítulo Siete

Cómo Salir De Deudas
"...el que toma prestado es siervo del que presta"
Pr. 22:7

Dios no quiere que estemos endeudados. La Biblia dice que sólo los malvados piden dinero prestado y no lo pagan (Sal. 37:21). También dice que los pobres son dominados por los ricos, y quienes piden prestado son esclavos del prestamista (Pr. 22:7).

Según el Antiguo Testamento, estar endeudado era una consecuencia de la desobediencia; *"Sí no oyeres la voz de Jehová tu Dios..... vendrán sobre ti todas estas maldiciones..... El extranjero que estará en medio de ti se elevará sobre ti muy alto, y tu descenderás muy abajo. El te prestará a ti, y tú no le prestarás a él."* (Dt. 28: 15, 43,44).

Y estar libre de deudas era una de las recompensas a la obediencia; *"Acontecerá que si oyeres atentamente la voz de Jehová tu Dios, para guardar y poner por obra todos los mandamientos que yo te prescribo hoy, también Jehová tu Dios te exaltará sobre todas las naciones de la tierra. Y vendrán sobre ti todas estas bendiciones... Y prestarás a muchas naciones, y tú no pedirás prestado."* (Dt. 28:1,2,12).

En el Nuevo Testamento, la Palabra nos desanima a endeudarnos; *"Pagad a todos lo que debéis... **no debáis a nadie nada.***" (Ro. 13: 7,8). También nos prohíbe hacer presunción del futuro; *"No te jactes del día de mañana; porque no sabes que dará de sí el día."* (Pr. 27:1). Por lo tanto no podemos pedir prestado o meternos en una deuda, tomando como base las utilidades que obtendremos de un negocio que apenas estamos realizando.

Así es que si no queremos ser esclavos de nuestros deudores, y no queremos estar en aflicciones, tenemos que aprender a salir de nuestras deudas, a no meternos en más deudas, y conocer las razones por las que nos hicimos esclavos de las deudas:

Por falta de conocimiento: Muchas personas no tienen el suficiente entrenamiento para administrar el dinero de acuerdo a los principios de Dios. *"Con sabiduría se edificará la casa y con prudencia se afirmará; y con **ciencia** se llenarán las cámaras de todo bien preciable."* (Pr. 24: 3,4).

Por falta de planeamiento y disciplina: *"Los planes del diligente ciertamente tienden a la abundancia; más todo el que se apresura alocadamente, de cierto va a la pobreza."* (Pr. 21:5 RV95).

Por satisfacción propia: *"Hombre necesitado será el que ame el deleite; y el que ama el vino y los unguentos no se enriquecerá."* (Pr. 21:7).

Por circunstancias que se salen del control: (2 R. 4:1-7) Algunas personas recurren a endeudarse cuando surgen situaciones inesperadas de emergencia, tales como la pérdida de trabajo o una enfermedad.

Dios nos quiere llevar por el camino de una buena salud financiera, y para eso ha establecido un proceso de 10 pasos, podríamos decir que son los **10 mandamientos para una buena salud financiera.**

1) Ore (2 R. 4:1-7).

Parece muy simple, pero realmente necesitamos la ayuda de Dios para poder salir del problema en que nos hemos metido, y si no tenemos la guianza divina, seguiremos metiéndonos más y más en este torbellino de deudas económicas que nos ha llevado a una crisis en nuestras finanzas familiares.

El mismo Señor Jesús declaró: *"...Separados de mí, nada podréis hacer."* (Jn.15:5).

2) Cambie de adentro hacia afuera.

El problema de la mayoría de los asesores financieros, es que, aunque lo hacen con muy buenas intenciones, tienen la tendencia a tratar con los síntomas y no con el problema de fondo. El aumentar entradas o bajar gastos, por ejemplo, es solamente un aspirina para tratar los dolores de cabeza, puede que tenga una muerte sin dolor... pero morirá al fin.

Cuando hablamos de las metas de salir de las deudas y arribar a la prosperidad integral, podemos comenzar parafraseando a Albert Einstein. El diría que:

"Los problemas económicos que confrontamos hoy no los podemos resolver con el mismo nivel de pensamiento, que nos llevó a tener esos problemas en primera instancia".

Dicho en otras palabras: la única manera de mejorar nuestra situación económica actual es moviéndonos hacia un nivel de ideas y valores más altos de aquel que nos llevó hasta el lugar en que nos encontramos hoy. Traducido al lenguaje popular, se puede decir: *"Aunque la mona se vista de seda, mona se queda".*

Esa es la razón por la que, la mayoría de los libros sobre "Cómo hacerse rico" no cumple su cometido. Es en vano tratar de manejar un automóvil sin motor, o hacer funcionar la televisión sin electricidad. Uno debe dejar de creer que cambios superficiales y cosméticos, nos ayudarán a realizar verdaderos y permanentes avances en el área de la prosperidad financiera.

Cuando nosotros estábamos hundidos en las deudas, siempre buscábamos una manera instantánea y fácil de salir. No fue hasta que nos dimos cuenta, que los problemas económicos que teníamos eran el resultado de nuestro comportamiento, de nuestros valores y actitudes que teníamos hacia el dinero.

La primera pregunta que debes hacerte es: ¿Porqué estoy en esta situación? Descubrir la causa de fondo es primordial para comenzar el camino hacia la sanidad financiera. Ese es el problema de muchos asesores financieros: ayudan a la gente a resolver a su situación económica de una manera superficial (pidiendo una segunda hipoteca sobre su casa, o consolidando sus deudas), sin resolver los problemas de fondo. Es por eso que dos o tres años después, la gente está en el mismo hoyo...¡Nada más que, ahora, con el doble de deudas!

De acuerdo con Stephen Covey, en los últimos 200 años de literatura estadounidense, sobre el tema de cómo alcanzar el éxito en la vida, los primeros 150 años –aquellos años formativos del país como una potencia económica mundial– apuntan primordialmente al carácter personal como la fuente para triunfar. Esta literatura según Covey, apunta primordialmente a moldear nuestro carácter. Toca temas como la integridad, la humildad, la fidelidad, la valentía, el honor, la paciencia, el trabajo con esfuerzo, la modestia y la simplicidad.

No era extraño que a fines del siglo 19, en escuelas como Harvard y Yale –dos universidades fundadas por comunidades de fe bautistas –, los maestros enseñaban administración y economía, con la Biblia en la mano, citando textos bíblicos.

Sin embargo, desde los años cuarentas en adelante se nota un incremento considerable de una literatura del éxito superficial; una técnica orientada hacia los procesos. El éxito entonces, comienza a depender de la personalidad, de las actitudes y de la influencia. Por un lado se le enseña al lector a cómo manejar las relaciones interpersonales y, por el otro, se le enseña a tener una A.M.P. (actitud mental positiva). Así es que preparémonos a tener cambios internos, antes que los externos.

3) *No adquieras nuevas deudas*

Como dice el viejo adagio: "Destapamos un hoyo para tapar otro". Si ya decidimos cambiar internamente, y tomamos la decisión irrevocable de no tener más deudas, no debe haber ninguna excepción a la regla. Y menos cuando van a ser deudas al descubierto, dicho en otras palabras, adquirir una deuda sin tener la forma de pagarlo, ya que todos nuestros ingresos están sobregirados.

4) *Haz una lista de tus deudas y de tus activos*

Los activos son todas las cosas de las cuales eres dueño en un 100%, y que ya no adeudas nada, puede ser la casa, o departamento, automóvil, televisiones, etc. Después de hacer tu lista determina si es necesario vender alguno de tus activos, para salir de las deudas que te están oprimiendo. La decisión debes tomarla en base a que es cada uno de los activos, una necesidad, un gusto o un deseo.

5) *Desarrolla un plan para controlar tus gastos*

Este plan debe estar por escrito, elabora un presupuesto exacto con tus ingresos y egresos reales y actuales. Debes tener una forma efectiva para controlar el dinero, y así evitar que el dinero te controle a ti.

Aquí estamos hablando de un plan para controlar los gastos; porque es importantísimo tener un plan que nos permita "parar a tiempo", una vez que se acabaron los recursos disponibles para hacer una determinada compra. Al mismo tiempo un presupuesto, nos permitirá saber exactamente no sólo cuánto podemos gastar en una determinada compra, sino también qué tan grande, nuevo o costoso será el bien que habremos de comprar...¡antes de salir a la calle a comparar precios!

Lo importante en el manejo de las finanzas familiares no está en la cantidad que ganamos, sino en la cantidad que gastamos.

Con esta idea, un presupuesto es un instrumento para programar tanto los ingresos como los egresos, estableciendo límites y normas para el manejo de los mismos, principalmente para todo lo referente a los gastos.

En el caso particular de las finanzas familiares, el establecimiento de límites y normas hace que el presupuesto sea un medio para cultivar una disciplina en la utilización del dinero: Daré de diezmo esta cantidad, gastaré esto en diversión, pero nada más; esto es para comida, renta, luz, ropa, emergencias, ahorro, pago de deudas, etc. El presupuesto nos hace tener presente que si se gasta más de lo que se gana y se ha presupuestado, se corre el peligro de caer en crisis financiera y familiar. Permíteme sugerirte el siguiente proceso:

· **Toma un día entero para discutir estos asuntos con tu cónyuge.** Esto debes hacerlo por lo menos una vez al año, ya que así podrán determinar el porcentaje o la cantidad que le asignarán a cada uno de los egresos.

· **Toma nota de tus gastos efectuados durante los últimos doce meses.** La chequera es un buen lugar al cuál acudir cuando se trata de calcular cuánto se está gastando cada mes y en qué. Si no tienes chequera, entonces simplemente trata de ver qué tipo de gastos tiene en forma regular, y cuánto gastas normalmente en ellos.

· **Guarda los recibos de todos tus gastos por 30 días.** Hoy mismo toma una cajita de zapatos, y cada vez que hagas una compra, coloca el recibo dentro de tu cajita. Si en tu país o en el área en que vives, no se acostumbra dar recibos, simplemente anota en papelitos cada compra que hagas; por ejemplo: 100 pesos de comida, 80 pesos zapatos, etc., y colócalo en la cajita.

- **Compara tus gastos con tus entradas.** Recuerda que normalmente entre más ganamos, más gastamos.

- **Establece un presupuesto familiar personalizado.** Es importante que el presupuesto de tu familia, sea el de tu familia y no el de otra.

Te recomiendo que hagas este ejercicio en todos sus pasos durante varios meses seguidos. Te tomará un promedio aproximado de cuatro a seis meses tomar el control de un buen presupuesto familiar.

Toma una hoja de papel y escribe la palabra **"Ingresos"** o Entradas, o utiliza el formato que se dará posteriormente.

¿Cuánto dinero trae a casa el esposo? Vamos a escribir la cantidad neta que trae, después de los descuentos que le hacen e impuestos que le quitan.

¿Cuánto trae la esposa? Sí es que ella trabaja fuera del hogar, o realiza labores por las que recibe un pago.

¿Cuánto ganamos con nuestro propio negocio? Si tienes un negocio, ¿A cuánto equivale la entrada de cada mes? Recuerda restarle los impuestos. Si estas entradas no son fijas, tiene dos opciones: toma como base el mes de menor ingreso de los últimos doce meses; o haz un promedio de las entradas mensuales del último año.

¿Cuánto estamos recibiendo de alquiler? Algunas

familias compran una casa donde vivir y alquilan parte de ella. Otros han comprado casas para alquilar como un negocio personal o familiar.

¿Cuánto estás recibiendo de intereses en el banco? Quizá tienes un depósito en el banco y estás recibiendo una cantidad importante o simbólica cada mes, hay que tomarla en cuenta.

¿Hay alguna otra entrada de dinero en forma regular todos los meses? Si solamente es una entrada al año, como un aguinaldo, compensación, o bono, debe dividirlo en doce para así saber cuanto de ingreso te correspondería a cada mes.

Ahora suma todas las cantidades y ese será su ingreso total cada mes.

Nota importante: Una vez que tengas el total de sus ingresos familiares, réstale las contribuciones, regalos, donaciones, y diezmos que dispongas para llevar a tu iglesia o comunidad de fe y para hacer actos de caridad. De esta manera le estás dando a "Cesar lo que es de Cesar y a Dios lo que es de Dios".

Una vez realizada esta resta lo que nos queda es el IND (Ingreso Neto Disponible). Esta es la cantidad que tenemos para gastar cada mes.

En el siguiente paso, vamos a colocar la hoja de "**Egresos**" o gastos, y vamos a empezar a trabajar para ver a dónde se nos va el dinero. Dividiremos en doce categorías diferentes a nuestros gastos, pero recuerda que tu presupuesto, tiene que ser un **Presupuesto personalizado.**

1) Transporte (automóvil o transporte público)

Los gastos de transporte pueden llegar a ocupar una parte significativa dentro del presupuesto familiar. En esta categoría escribe cuánto estás gastando en promedio de gasolina, reparaciones, seguro, impuestos, pasajes. Aunque algunos gastos son semi anuales o anuales, establece un promedio de gasto mensual. Recomendamos que no se gaste más del 15% de tu IND. (Ingreso Neto Disponible).

2) Vivienda

¿Cuánto estás gastando en tu vivienda? Lo primero que tenemos que escribir es cuánto pagamos de alquiler o de hipoteca. En general, la vivienda, junto con la comida y el transporte, son las áreas más peligrosas del presupuesto.

Pregúntate también ¿cuánto estás gastando en agua, luz, teléfono, gas, cable, internet, mantenimiento o limpieza? Te recomendamos no gastar más del 38% de tu dinero disponible.

Si estás gastando más del 38% de tu IND, en los gastos de tu casa, quizá necesitas pensar en mudarte o irte a vivir a un lugar más barato o aumentar tus ingresos, no hay otras opciones, si no quieres entrar en crisis de tus finanzas familiares.

3) Comida

Escribe aproximadamente cuánto estás gastando en comida mensualmente. No más del 12 al 15% de tu IND Debe ser asignado para comprar comida. Si estás gastando más de este porcentaje, algo debe cambiar; porque no te está quedando la cantidad suficiente de dinero para las otras nueve categorías.

Nota aclaratoria: Lo importante en un presupuesto familiar, no son los porcentajes que te estoy sugiriendo. Lo importante es que tú le asignes a cada una de las categorías algún determinado porcentaje de tu IND, y que cuando sumes todas las categorías te den el 100% o menos, no el 110%, ni el 120% o el 130%.

Por ejemplo cuando viví en Guatemala, los guatemaltecos gastan alrededor del 37% en alimentos, pero solamente el 22% en vivienda.

Si estás casado, entonces es imperante la participación de ambos cónyuges en el proceso de decisión sobre la asignación de esos porcentajes. Si el presupuesto familiar es el producto de un solo miembro de la pareja, estás perdiendo el tiempo, y no te va a ayudar a sanear tus finanzas.

No incluyas los artículos de limpieza (esos van en los gastos varios). Si los incluyes debe disminuir el porcentaje de gastos varios. No incluyas comidas fuera de casa, esas son parte de "recreación y entretenimiento".

4) Cuentas de ahorros

¿Cuánto estás colocando en tu cuenta de ahorros todos los meses? Si tienes que poner un "0" bien grande no te preocupes. La mayoría de nosotros lo hicimos la primera vez que hicimos nuestro análisis presupuestario. Sin embargo, en el futuro habrá que cambiarlo.

Lo inesperado, no sería tan inesperado ¡si lo estuviéramos esperando! Si has estado ahorrando con regularidad, cuando llegue lo inesperado, uno puedes ir y tomar esos ahorros evitando que el golpe económico sea muy fuerte. Es bueno que ahorres un 5% de tu IND.

5) Deudas

En esta categoría escribe la suma de todos los pagos mensuales de deudas y préstamos. Aquí incluye el pago de tu tarjeta de crédito, si le debes dinero a un familiar y estás haciendo pagos mensuales, la compra de un televisor en mensualidades, etc. El total debe ser aproximadamente un 5% del total de tu IND.

6) Entretenimiento y recreación

Cuando hablamos de "gastos de recreación", nos referimos a las salidas para entretenernos fuera de casa. Aquí entran las vacaciones, y las comidas fuera de casa, el gasto total de las vacaciones divídelo entre doce, para tener el gasto mensual, este rublo debe tener un 4% del total de tu IND.

7) Vestido

Quizá no compramos ropa todos los meses, pero posiblemente podemos escribir el promedio de gastos en ropa tomando en consideración los gastos que hemos tenido en el último año.

Te recomiendo que en tu sobre guardes cada mes el dinero correspondiente a la ropa. Así cuando necesites comprar ropa para los hijos, o zapatos para ti, no tendrás que sacar de la comida, sino que tendrás un ahorro para hacer la compra. Se recomienda que no gastes más del 4% del total de tu IND.

8) Salud

¿Cuánto estás gastando todos los meses en promedio, en médico, dentista o medicamentos? ¿Estás comprando medicamentos en forma regular? ¿Estás pagando un seguro médico? Procura que este rublo, no pase del 5% del total de tu IND. Y el dinero que no uses durante algún mes, lo puedes transferir a tu cuenta de ahorros.

9) Seguros

¿Tienes seguro de vida? Si no tienes un seguro de vida considera comprar uno. Porque te tengo malas noticias; tú te vas a morir algún día. Entonces ¿cómo quieres que te recuerden en tu funeral? ¿Como un esposo y padre sabio, previsor y amante de los suyos o como el irresponsable que dejó a su familia "endeudada hasta las cachas"?

El seguro de vida, no es una falta de confianza en la provisión de Dios. Al contrario recuerda que la muerte no es como la lotería, que solamente le toca a algunos al azar. La muerte es 100% segura para cada uno de nosotros. Este seguro es como imitar a las hormigas, que guarda en verano para tener en invierno. No utilices más del 5% de tu IND.

10) Gastos varios

Los gastos varios son como un barril sin fondo, allí se va todo el dinero que le pongamos. Esta es la parte difícil: tratar de *averiguar cuánto dinero estamos gastando sin un propósito determinado*. Gastos varios son: suscripciones a diarios, a revistas, cosméticos, peluquería, lavandería, tintorería, gastos de cumpleaños, cuotas a clubes, pasatiempos, aniversarios, regalos de navidad, ayuda a padres, envíos al exterior, ayuda a la familia y otros.

Es muy importante que a partir de hoy, te asignes a tí mismo una cantidad de dinero para gastos varios y, cuando se te acabe ese dinero, debes hacer un compromiso muy serio de parar de gastar. Esa será la única forma de controlar tu presupuesto y los gastos que tienes. Si no lo haces, nunca llegarás a fin de mes. Debes destinar un 4% del total de tu IND.

Hasta aquí, con estás 10 categorías, el presupuesto ha llegado al 100%, y si vas a usar las otras categorías que mencionaremos a continuación, tendrás que bajar los porcentajes de tu presupuesto en alguna otra categoría.

11) Cuidado de los niños

En estos tiempos de gran consumismo, las circunstancias han creado una necesidad, en donde el esposo y la esposa se ven en la obligación de trabajar fuera de la casa o en un negocio personal, lo que determina que contraten a una persona para que cuide a sus hijos.

12) Educación

En muchos países es necesaria la educación privada, pero aún siendo estatal, hay algunos gastos que debemos contemplar, como uniformes, útiles escolares, y/o mensualidades. O si reciben tus hijos alguna educación especial como: natación, música, idiomas, gimnasia, etc.

6) Establece un plan de pago para cada deuda

Sé sincero y transparente, y mantén la comunicación abierta. Necesitas mantener una comunicación bastante abierta y honesta con tus acreedores, no mientas. Sé honesto. No ensucies tu reputación y tu nombre por dinero. Pregúntate: ¿Tiene precio mi honor?

Recuerda que todos los acreedores del mundo tienen algo en común: *Todos ellos quieren recuperar su dinero.*

Agrupa tus deudas de acuerdo con la cantidad total que debes, en deudas mayores y deudas menores. Y dentro de cada grupo ordena tus deudas de acuerdo con los intereses que estás pagando, de mayor cantidad de intereses a menor.

Si por alguna razón no puedes pagar por lo menos el mínimo, escribe una carta a tus acreedores y propónles un plan de pago:

Tratando con los acreedores

- **Asegúrales** que eres un hombre o mujer de palabra y que quieres pagarles todo lo que les debes aunque te tome el resto de la vida.
- **Muéstrales** tu plan de control de gastos.
- **Comparte** con ellos tus entradas y salidas.
- **Muéstrales** los cambios que estás haciendo con el fin de que te quede dinero extra para poder pagar las deudas.
- **Muéstrales** en papel los activos que tienes; casa, auto, y cosas que se puedan vender para saldar las deudas.
- **Muéstrales** la planilla de tus deudas.
- **Propónles** un plan de pagos. Trata de negociar la reducción o eliminación de intereses del capital adeudado.

Comienza a pagar las deudas más pequeñas; porque cuando uno termina de pagar su primer deuda, genera un impacto psicológico positivo. Cuando termines de pagar tu primer deuda, no toques ese dinero, añádelo a la segunda deuda y así sucesivamente, tu capital para pago de deudas irá aumentando significativamente conforme vayas saldando tus cuentas pendientes. Es como una bola de nieve que va creciendo y creciendo.

Ahora comprométete a vivir libre de deudas. Aprendamos a ejercer el dominio propio que, con el correr de la vida, siempre ha demostrado dejarnos con la mayor cantidad de dinero en el bolsillo.

7) Considera tener un ingreso adicional

Normalmente, hemos caído en deudas, porque gastamos más de lo que ganamos, así es que veamos la mejor manera de obtener un ingreso adicional, tal vez, trabajando horas extras, teniendo otro trabajo; o probablemente establecer un pequeño negocio familiar.

8) Reduce los gastos

Para dar este paso, realmente necesitas evaluar, si lo que estás adquiriendo es una necesidad, un gusto o un deseo, y determina en cuál de nuestras categorías de gastos puedes reducirlos, de tal manera que tengas aunque sea un mínimo al comenzar para pagar tus deudas.

9) Adquiere tus deudas de una manera Bíblica

"El carácter de una persona no se forja en los momentos difíciles de la vida; en esos momentos sólo sale a relucir."
· Que adquirir una deuda para ti sea una **excepción** a la regla (Dt.15). Por ejemplo en la compra de una casa, donde en lugar de estar pagando la renta, estés invirtiendo en el pago de una casa que al final será tuya.

• Planea pagarla lo antes posible, (Ro. 13:7,8). Cuando Dios era ministro de economía de Israel, las deudas no duraban más de siete años. Al final de ese período las deudas se debían perdonar. Imagínate las precauciones que tomaban los prestamístas para que les pudieran pagar en ese tiempo.

• Evita caer en un "Compromiso al Descubierto". *"No seas de aquellos que se comprometen...si no tuvieres para pagar"* (Pr. 22: 26,27). Jamás debemos compremeternos a pagar algo, si realmente no tenemos la forma de pagar.

10) Evita ser codeudor

"El hombre falto de entendimiento presta fianzas y sale por fiador en presencia de su amigo." (Pr. 17:18).

Si por alguna razón de fuerza mayor, te ves comprometido a prestar dinero, debes hacerlo bajo cualquiera de estos dos principios:

• Nunca cobres interés.

• Regala el dinero, tal vez no prestes todo lo que te pidieron, pero puedes darle una parte y decirle: *"Esto no es un préstamo, es un regalo de parte mía o de mi familia"*. Porque muchas veces cuando no te pueden pagar se pierde el dinero y al amigo.

Ejemplo de una forma de presupuesto:

Control de gastos familiares

ENTRADAS		Reste	SALIDAS	
1. Esposo			1. Transporte	
2. Esposa			2. Vivienda	
3. Negocio			3. Comida	
4. Rentas			4. Ahorros	
5. Intereses			5. Deudas	
6. Otros ingresos			6. Recreación	
Total:			7. Vestimenta	
			8. Salud	
			9. Seguros	
			10. Gastos varios	
			11. Cuidado niños	
			12. educación	
			13. *Dios	
			Total:	

Entradas netas después de pagar impuestos (Dar al César...)
El empresario debe tomar como promedio los últimos seis meses.

* Lo que es de Dios: 1. Diezmo de pago familiar 2. Ofrendas 3. Donaciones

Total ENTRADAS (—) **Total SALIDAS**

IND:

El Ingreso Neto Disponible, es la bendición de Dios para mi vida

La base de la sanidad financiera es controlar las salidas.

Capítulo Ocho

Palabras Motivacionales Para Hacerte Millonario

"El éxito no es un destino, es un trayecto"

reo que casi todos en alguna ocasión de nuestra vida hemos pensado, o tenido la idea de volvernos millonarios, por mi mente también han pasado esos pensamientos, así es que comparto algunos de esos pensamientos en este capítulo. Y recuerda esto siempre si vas a ser millonario, debes ser un millonario educado, no debes tener el dinero por tenerlo, sino que debes saber exactamente para qué lo quieres y qué vas a hacer con él.

La ecuación del millonario educado:

Un sueño + un equipo + un tema = Flujos Millonarios.

Sueño: Adoptar la mentalidad del millonario, confiar en uno mismo y desearlo con vehemencia.

Equipo: atraer mentores y socios de talento que te ayuden a hacer realidad tu sueño.

Tema: seleccionar y aplicar uno o más de los modelos básicos del millonario educado para hacerlo rápidamente.

Las alas del Millonario Educado:

1) La *decisión* del Millonario educado: el viaje hacia la libertad económica comienza en el minuto en el que decides que estás llamado a la prosperidad y no a la escasez, a la abundancia y no a la carencia. Sólo un minuto lleva decidirlo: **decídelo ahora.**
2) La *idea* del Millonario educado: Piensa que casi todos los días se te ocurre una idea que vale un millón de dólares.
3) El *modelo* del Millonario Educado: Los millonarios tienen un modelo especial, un modo concreto de gastar el dinero. En cada operación monetaria invierten un minuto adicional: este minuto extra es el que los hace ricos de ahí que se llame "El minuto millonario".
4) La *técnica* del Millonario educado: Es la forma en que los millonarios se hacen más ricos cada vez.
5) El *momento* del Millonario educado: hay que aprender a descubrirlo, y dar un paso hacia delante cuando eso pase.
6) El *umbral* del Millonario educado: Todas las grandes

contiendas se deciden en el último minuto, es el último dólar que te hace cruzar la línea del millón.

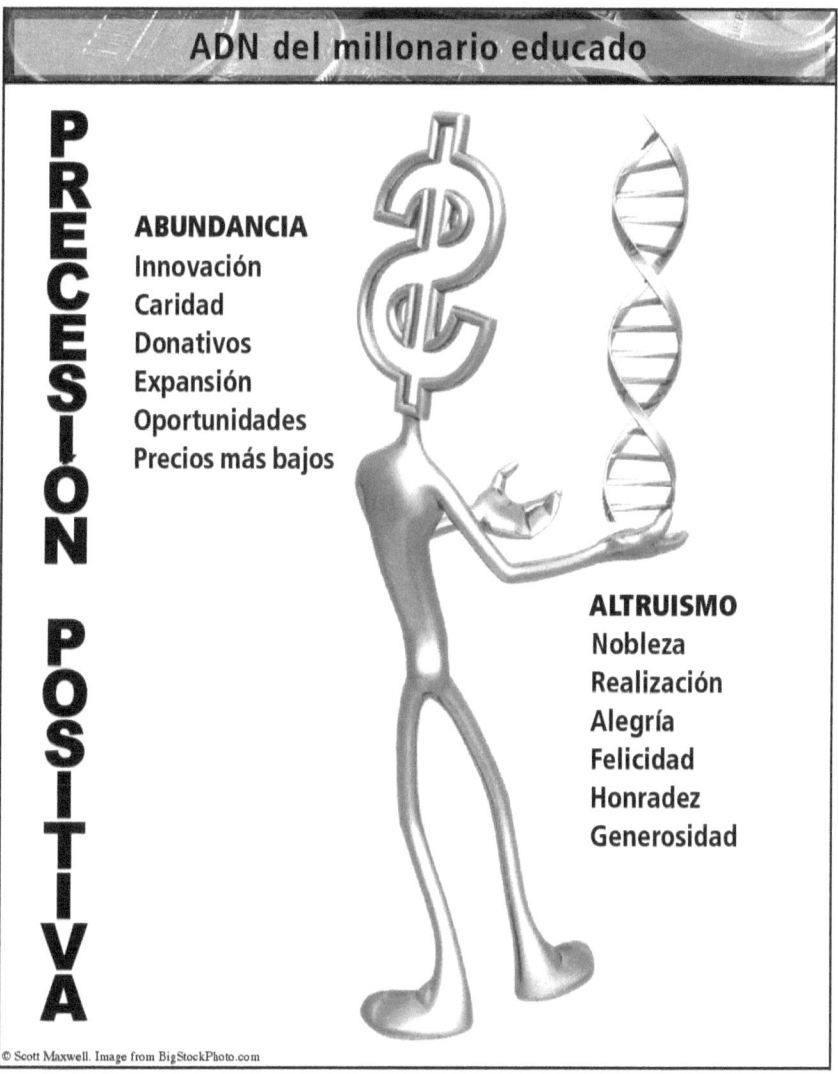

El manifiesto del millonario educado: *los millonarios educados son abejas que buscan miel/dinero. Al centrarse en ir añadiendo el máximo valor posible durante su búsqueda de los millones, el millonario*

educado eléva el nivel de vida del planeta. Los millonarios educados saben que han de crear riqueza de la que todos se beneficien.

Principios del millonario educado:

No hacer daño: el millonario educado se compromete a evitar toda actividad con afán de lucro que dañe o empobrezca a otras personas; sólo crea abundancia, nunca escasez. Eso significa generar riqueza de una forma ética, honrada y en la que todos salen ganando.

Hacer mucho bien: el millonario educado disfruta creando una riqueza que mejore la vida de mucha gente; el objetivo es enriquecerte al tiempo que enriqueces a los demás.

Actuar como un administrador: los millonarios educados son administradores de sus prerrogativas económicas y disfrutan de los privilegios del éxito financiero al tiempo que crean un legado con el que benefician a otros. La meta no es acumular riqueza por acumularla, sino crear fondos perpetuos para apoyar causas dignas. En otras palabras, tu riqueza no es sólo para ti, sino para mejorar la vida de muchos otros. El compromiso mínimo es dar el 10% en beneficio de los demás.

El compromiso del millonario educado: *Por este medio, tomo la decisión de hacerme millonario educado* *para eliminar las presiones económicas, gozar de una vida total, libertad financiera y compartir mi abundancia con los demás.*

El auténtico compromiso exige dos cosas: la primera es el deseo, y la segunda es la confianza. Es necesario comprometerse con confianza. *"Da el primer paso con confianza, no tienes por que ver hasta el final de la escalera, sólo da el primer paso"* **Martín Luther King Jr.**

El segundo elemento básico es la acción: *el compromiso se demuestra con la conducta.*

Escoje tu montaña millonaria: Aquí te menciono 4 vías para hacerte millonario:

1) Inversiones: acciones bursátiles, bonos, certificados de depósito.
2) Propiedad inmobiliaria: compra de bienes inmuebles.
3) Empresas: venta de productos, servicios e ideas.
4) Internet: posibilidades en expansión.

De momento, piensa que lo más probable es que logres el objetivo de un millón de dólares, con la combinación de dos o más de estas vías.

Los principios del millonario educado: *"Voy descubriendo principios que funcionan y los voy poniendo en práctica, continuamente aprendo principios nuevos* *que incorporo a lo que ya sé, mejorando así mi vida y mi mundo. Según voy descubriendo principios, los asimilo, los uso y los transmito con entusiasmo. Los principios son sin duda, el camino más rápido hacia lo que deseo."*

1) Todo el mundo manifiesta: *"Todos piensan que lo principal del árbol es el fruto, pero en realidad es la semilla."* **Nietzsche.**

Todo lo que ves comenzó siendo un pensamiento en la mente de alguien.

Primero se piensa, luego se manifiesta, se materializa, se hace aparecer. **Todos manifestamos**: unos manifiestan la abundancia y otros la escasez.

Somos fruto de los pensamientos que sembramos y abonamos: si deseas cosechar más, siembra mejores pensamientos. **Los pensamientos son objetos**; todo pensamiento conlleva consecuencias, no hay ninguno que viva en tu mente... sin pagar alquiler. Cada pensamiento es un guijarro arrojado al estanque de tu vida, las ondas son reales, cuanto más intenso es el pensamiento, más fuerte es el resultado.

2) Ser- hacer- tener: *"Para volar raudo como el pensamiento, para estar donde sea, has de empezar por saber que ya has llegado."* ***Juan Salvador Gaviota.***

El Millonario educado sabe y actúa partiendo de las premisas de que:

- La abundancia procede de enriquecer a otros.
- La principal razón para conseguirlo es tener más para dar.

3) Vive la vida por encima de la raya: cada vez que algo no sale como esperábamos, tendemos en la mayoría de las veces a culpar a otro o a las circunstancias, echando a perder una gran ocasión de aprender.

<u>APRENDER</u>
CULPAR

El millonario educado acepta todas las consecuencias de vivir "por encima de la raya"; aprovecha al máximo cualquier ocasión de aprender y por eso es más probable que su siguiente decisión sea la más acertada.

4) La plenitud es tu estado normal: *"de la abundancia tomó abundancia y todavía quedaba." Upanisads.*

El universo es pleno por definición, no hay escasez sino en nuestra propia mente. En potencia, hay un infinito dinero esperando a que cada uno de nosotros se decida a aplicar los principios para adquirirlo. Si otros han generado abundancia en otras partes, tú también puedes hacerlo.

Para "exteriorizar" la plenitud, primero debemos de "interiorizar" bien y repetidas veces el estado mental de la plenitud. Porque el estado mental produce el estado de cuentas. Repite lo siguiente hasta que se convierta en verdad para ti. Repítelo con sentimiento, fervor, imaginación y aceptación:

Soy pleno de las mejores maneras

Hay dinero infinito para ganar, ahorrar, invertir, multiplicar exponencialmente y compartir.
Mi plenitud nos hace ricos a todos.
Acepto la plenitud y la plenitud me acepta a mí.

Nota importante: hay un océano de abundancia del que te puedes servir con una cucharita, un cubo o un remolque de tractor, al océano le da lo mismo.

5) Quien da recibe: *"El que siembra con mezquindad, cosechará también con mezquindad; el que siembra en abundancia cosechará también en abundancia."* (2 Co. 9:6).

El que da recibe, es la paradoja básica del millonario educado. Aceptar esta paradoja es combinar fe y acción, es estar al borde de un precipicio y saltar confiando al saber que allá abajo, en el valle, hay un fabuloso mundo de plenitud, como lo menciona un poema de Apollinaire:

Venid al borde, nos dijo.
Ellos dijeron, nos da miedo.
Venid al borde, dijo.
Ellos fueron,
Los empujó y Volaron.

Ofrece tu tiempo, tu aceptación, tu sonrisa, tu consejo, tu ánimo, tu amor; y volverán a ti a raudales. La dimensión espiritual expande, multiplica y añade valor a todo lo que se da.

6) El secreto de cambiar tu realidad con un chasquido: todos dentro de nosotros tenemos dos voces, una positiva y otra negativa. La mejor manera de cambiar la voz negativa es sustituyéndola con una positiva, y más ayudándonos con una goma elástica (liga de hule) en la mano, para que cada vez que llegue un pensamiento negativo, la estiremos y nos suene en la muñeca, nos dolerá, pero nos ayudará a cambiar nuestra manera de pensar.

Chasquea la goma cada vez que te sorprendas diciendo:

No me lo puedo permitir
No estoy a la altura
No soy lo bastante bueno
No valgo nada
No puedo hacerlo.
No soy tan inteligente
No sé por donde empezar
No tengo los contactos necesarios

Sustituye este dialogo interno por frases como estas:

Averiguaré cómo establecer los contactos
Empezaré ahora mismo.
Soy lo bastante inteligente para resolver esto
Puedo hacerlo

Yo VALGO
SOY lo bastante bueno.
ESTOY a la altura.
PUEDO permitírmelo, sí realmente lo quiero.

Cuando se te haya formado una marca roja en la muñeca, tu conducta irá cambiando a toda marcha, sin riesgo alguno y con excelentes resultados. Tú eres quien decide, puedes controlar tu pensamiento; el pensamiento controla la conducta y la conducta controla (produce) los resultados.

7) **Las palabras transforman:** la palabra hablada tiene un tremendo impacto en tu realidad tanto externa como interna. "Si decirlo no vale la pena, entonces me callo".

"La gente tiene que hacerse responsable de sus pensamientos, ha de aprender a controlarlos. Sin duda no es fácil, pero se puede. En primer lugar, si no deseas decir ciertas cosas, no las digas; igual que no hay por que comerse todo lo que se ve, tampoco hay que decir todo lo que se piensa. Por eso hay que empezar a vigilar nuestras palabras y hablar sólo con un buen propósito en mente."
Rolling Thunder.

8) **Tú eres tu riqueza:** *"He aquí mi secreto, es muy simple: no se ve bien sino con el corazón. Lo esencial es invisible a los ojos"* **El principito.**

La primer tarea es hacer un balance de tus recursos; en los negocios, a esto se le llama elaborar un estado de cuentas, un resumen de tu activo y tu pasivo:

Balance de Recursos

ACTIVOS	PASIVOS
Capital	Deudas
Valores y otros activos líquidos	Obligaciones
Propiedad inmobiliaria	Hipotecas
Autos, equipos y otros equipos tangibles	Préstamos bancarios
	Pagarés
	Compromisos
Muebles, joyas y otros artículos personales	Eventos sociales
	Rentas

Restar el pasivo del activo da lo que se denomina "capital neto". Si quieres ser un millonario neto, la resta de lo que tienes, menos lo que debes, debe darte como resultado al menos un millón de dólares.

Ahora elabora tu estado de cuentas "educado", ¿cuáles son tus activos invisibles?

ACTIVOS INTERNOS	PASIVOS INTERNOS
Creatividad, imaginación	Ira
Visión, generosidad	Visión corta
Valor, audacia, persistencia, integridad	Ruinidad
	Perfeccionismo
Expertos y base de datos	Miedo, ansiedad, dudas
Aptitudes valiosas: vender, persuasión, marketing	Contactos con mala reputación
Gestión y Administración del tiempo	Pereza
	Mala organización

En realidad para empezar sólo necesitas tres recursos: *una buena idea, el compromiso de llevarla acabo y los contactos clave de quienes poseen todos los demás recursos*.

Tu lema será: *"Todos los recursos que preciso (tangibles o intangibles), los poseé alguien en algún sitio, en este mismo momento."* **¿Cómo encontrar a esas personas y convencerlas de que me aporten sus recursos?**

9) La riqueza es libertad: hay diferentes clases de libertad, y la primera es *la libertad espiritual*, descubrir quién eres en Dios, y quién es Dios en ti. A partir de ahí, podrás investigar tu ser espiritual, la segunda es *la libertad monetaria*, y consiste en tener dinero suficiente, para que todos tus días futuros estén pagados por adelantado; trabajarás porque quieres trabajar, no porque tengas que hacerlo. *La libertad de horario*, esta libertad no significa no trabajar, significa que el trabajo es tu hobby, eres dueño del trabajo y no al revés. Después viene *la libertad de relación*. Disfrutarás con tus seres queridos de uno de los dones más preciosos de la vida: el amor, y tendrás tiempo para explorarlo. *La libertad física*: la salud es la riqueza fundamental. Teniendo tiempo para hacer ejercicio y dinero para comprar la mejor comida, y atención de salud, puedes conservar la salud tanto tiempo como sea humanamente posible. Estas cinco libertades te dan *la libertad última:* la de buscar tu auténtico genio.

10) **Todo comienza con un sueño:** ¿Dónde estarás dentro de 5 años? Permítete soñar un gran sueño, imagínate viviendo una vida de equilibrio: en lo económico, lo espiritual, lo social, lo psicológico. Lo tienes todo...¡y es buenísimo!

11) **La claridad es fuerza:** No pienses *en* tus metas, piensa *desde* ellas. En otras palabras, en vez de pensar en la casa de tus sueños, piensa *desde* la casa de tus sueños. Imagínate viviendo realmente en esa casa de ensueño, que ves, a que huele, que muebles tiene, cuantos autos tiene, que jardín tiene, etc. Piensa *desde* ella. Cuando pongas en práctica este nuevo método de alta visualización, verás como tu propia imagen se va amoldando a las nuevas imágenes mentales: literalmente comenzará a crecer en ti el nuevo millonario que eres.

12) **Más claridad es más fuerza:** diariamente anota tus seis metas principales; hazlo todas las mañanas al comenzar tu día. No te limites a leer tus metas en voz alta, escríbelas de nuevo, materialmente sobre el papel:

Cuerpo: metas físicas.
Cerebro: metas intelectuales, los libros que lees, el estudio diario.
Ser: metas espirituales, meditar, orar, etc.
Tiempo: metas de organización.
Gente: metas con los demás, las personas más importantes de tu vida.
Dinero: metas económicas.

Además, reafirma a diario por *escrito* en una ficha de 7.5 x 12.5 cm. Cada una de las seis metas; *como si ya hubieras alcanzado el éxito*. Así, si tu meta económica este año fuera ganar 100,000 dólares y tener mucho tiempo libre, escribirás lo siguiente en la tarjeta: "estoy muy feliz y agradecido con Dios por ganar 400 dólares al día durante este año y haber trabajado solamente 250 días". *En esta sola ficha afirma todas tus principales metas, las seis. Léelas en voz alta cuatro veces al día: a la hora del desayuno, la comida, la cena y justo antes de acostarte.* **Este último paso es el más importante, porque tu mente nunca duerme.**

Firma la ficha, ponle fecha y procura que alguien cercano a ti, con quien te hayas comprometido en esto, también lo haga, lleva un seguimiento semanal con esa persona para probar que vas encaminado hacia tus metas, y cambia y actualiza la ficha al menos una vez al mes.

13) Explota tu genio: expresar tu genio es saber lo que quieres hacer con tu vida, y hacerlo porque así expresas tu verdadero ser. En otras palabras es hacer en la vida para lo que fuiste creado. La gente que expresa su genio tiene estas características:

- Pasión: aman lo que hacen; si no les pagaran, lo harían gratis.
- Talento: son buenos en lo que hacen; lo llaman don, habilidad o genio y lo tienen.
- Valores: hacer lo que hacen es extremadamente importante para ellos.

- Destino: tienen la sensación de estar haciendo aquello para lo que nacieron, su propia e intransferible contribución, es algo casi espiritual, es su destino.

Mi lista de genio

PASIÓN
¿Qué me apasiona hacer?

1. ¿Qué actividades me satisfacen?
2. ¿Qué me emociona en la vida?
3. ¿Cuál es mi ambición secreta?
4. ¿Qué aficiones tengo?

TALENTO
¿En qué soy bueno?

1. ¿En qué he recibido cumplidos?
2. ¿En qué he destacado?
3. ¿Dónde he tenido éxito?
4. ¿Cuáles son mis puntos fuertes?

VALORES
¿Qué es lo que más me importa?

1. ¿Qué haría si fuera rico?
2. ¿Qué defiendo?
3. ¿Qué no defiendo?
4. ¿Por qué cosas arriesgaría mi vida?

DESTINO
¿Qué estoy llamado a hacer?

1. ¿Cuál es mi misión única en la vida?
2. ¿Qué quiere Dios que haga?
3. ¿Cuáles son mis oportunidades únicas?
4. ¿Dónde puedo mejorar algo?

Cuanto más conciente estés de esas partes de ti mismo:

Más energía pondrás en tus actividades diarias
Más realizado te sentirás
Más éxito tendrás
Y más pronto te harás millonario.

14) La palanca del amor: *"Es mucho más fácil cabalgar en la misma dirección hacia donde corre el caballo."* **Abraham Lincoln**

Para hacerte rico minuto a minuto debes hacer algo que ames hacer y por lo que sientas pasión. La fuerza que impulsa la acción humana es la emoción. *"La creatividad tiene mucho más que ver con lo que la gente siente que con lo que piensa."*

Hacerte millonario educado al minuto es tan fácil como...uno, dos, tres:

1) Hacer lo que amas
2) Crear algo muy valioso.
3) Valerte de la palanca del amor.
Este es el camino, los millones te esperan al recorrerlo.

15) La imaginación prevalece sobre la voluntad: *"Cuando la voluntad entra en conflicto con la imaginación, esta última siempre prevalece."* **Emile Coué.**

Tu imaginación es la clave. Imaginar lo mejor

funciona más a menudo de lo que creemos. Imagina lo mejor que podría ocurrir, espera siempre el mejor de todos los resultados: es lo que hacen los millonarios educados.

16) La magnitud de la pregunta determina la magnitud de la respuesta: Si te haces la pregunta de "¿Cómo ganar un millón de dólares?", tu mente se activa para hallar la respuesta y no frena hasta descubrir una respuesta satisfactoria.

Ben Feldman (conocido como el mejor vendedor de seguros del mundo) estaba enseñando, que la diferencia entre ganar 100,000 dólares al año y ganar un millón era, efectivamente, de un cero. Para ganar un millón al año, los 400 diarios han de ascender a 4,000, la diferencia es de un cero. La cuestión era: "si la vida de tus seres queridos dependiera de ello, ¿podrías hacerlo?", la respuesta era casi siempre un sí atronador. Cada millonario crea 10 puestos de trabajo y cada multimillonario 10,000.

17) Ya sabes la respuesta: llévate el dedo a la frente y di: "Este es el ordenador más potente del planeta". El ordenador, que es tu cerebro graba todo lo que te sucede, millones de datos simultáneos; calor, luz, humedad, sonido, etc., mantiene tu cuerpo en marcha, el latido de tu corazón, el movimiento de sus pulmones; y todo por debajo del nivel de conciencia.

Se ha llegado a sugerir que el ADN de cada uno encierra el saber de anteriores generaciones. En suma, nuestro banco de datos inconsciente es enorme; no tenemos mala memoria, tenemos una memoria excelente. Lo que sí sucede es que no tenemos un buen sistema de acceso a lo que hemos almacenado.

Ya tienes una habilidad asombrosa para "saber" qué dirección seguir: sólo necesitas aprender a interpretar tus propias señales. Tómate tiempo para cultivar la intuición, y antes de tomar una decisión, consulta con tu "experto interno". Atiende a tus "vísceras", casi nunca fallan.

18) Sé coherente: hay gente que gasta una ingente cantidad de energía intentando prosperar económicamente. Se diría que lo hacen casi todo; fijarse metas, leer libros, asistir a cursos. Hacen todo lo que hay que hacer, y, sin embargo, el éxito siempre parece esquivarles, mientras que otros, haciendo lo mismo, nadan literalmente a la abundancia. ¿Dónde está la diferencia? *Para manifestar plenitud se necesita coherencia*: el estado en el que todas las partes que te componen siguen la misma pauta. Hay tres partes fundamentales en la pauta a seguir:

- **El deseo:** has de quererlo.
- **La convicción:** tienes que convencerte que puedes hacer dinero a montones.
- **La auto aceptación:** tienes que creer que mereces ser rico...hasta los tuétanos.

Todas las partes que te componen tienen que "participar"; tu corazón, tu mente y tu espíritu. *Todos los sistemas* CUENTAN, el millonario educado es coherente.

19) **Eres un imán para el dinero:** el magnetismo es una de las principales fuerzas motrices del universo; es la energía que une a las galaxias, la fuerza que mueve cada partícula subatómica de tu cuerpo. Alrededor de todos los imanes se crea un invisible "campo magnético" de atracción; al poner un clavo en contacto con este campo magnético, el clavo se pega al imán... como por arte de magia. El clavo no tiene elección.

Tu propio cuerpo es un campo de actividad electromagnética, cada uno de tus trillones de átomos es una diminuta máquina generadora de energía magnética eres una fábrica ambulante de magnetismo:

- También tu tienes cualidades magnéticas, fuerzas de atracción latentes.
- Lo mismo que los "iguales" se atraen, tu atraes lo que te gusta o deseas.
- Cuanto más alineado estás con lo que quieres, con más fuerza lo atraes.
- Aquello que deseas con coherencia no puede sino ir hacia ti.
- La gente alineada o coherente es atractiva, magnética...incluso carismática.
- Cuando estés con alguien coherente, su poder magnético "se te pega".
- Cuanto más coherente seas, más se ampliará tu "campo magnético".
- Cuando se es "totalmente coherente", ¡se es irresistible!

Como escribe Napoleón Hill en Piensa y házte rico: *"Los pensamientos predominantes en nuestra mente magnetizan el cerebro y, aunque nadie sabe bien cómo, esos "imanes" atraen hacia nosotros fuerzas, gente y circunstancias vitales acordes con la índole de esos pensamientos dominantes."*

En otras palabras, pasas a ser literalmente un imán de aquello que deseas; si de verdad quieres el dinero, el dinero no puede negársete.

20) Llama y se te abrirá: el compromiso es la chispa que prende el fuego. Cuando haces una raya en la tierra diciendo: "me comprometo a hacer esto, cueste lo que cueste, durante el tiempo que haga falta", salta una señal invisible, como un radiofaro, en la que resuenan los recursos necesarios para la tarea. Estos recursos comienzan a "materializarse" como por arte de magia, las ideas empiezan a discurrir, el tiempo se atrae o acelera según haga falta, la gente acude de pronto como si les hubieras convocado.

Al comprometerte, las células de tu cuerpo se llenan de energía procedente de la pasión de tu designio; los millonarios educados se comprometen:

"Hasta que uno se compromete, está presente la reserva, la posibilidad de echarse para atrás, la eterna inoperancia. Hay una verdad esencial que concierne a todas las iniciativas y creaciones, y pasarlas por alto desbarataría incontables ideas y espléndidos planes. En

*el momento en que uno se compromete definitivamente, la providencia también se pone en marcha, y de pronto todo parece favorable sin que haya otra explicación. Esta decisión desata una serie de imprevistos que ponen en nuestro camino toda clase de incidentes y encuentros, así como ayuda material, con los que no nos habríamos atrevido ni a soñar. Siento reverencia por este verso de Gohete: **Aquello que puedas hacer, o soñar que puedes, acomételo. Hay genio, fuerza y magia en la audacia." W. H. Murria, La expedición escocesa al Himalaya.*

21) Compartir es tener más: el millonario educado sabe que dar es la forma más elevada de manifestar nuestra auténtica naturaleza. Es una combinación de fe y acción. Cuál es el acto concreto en el que se plasma: el donativo. Este dar multiplica la prosperidad por mil.

¿Cómo es que dar multiplica el dinero? Igual que el agua está en tres estados –sólido, líquido y gaseoso- el dinero se da en tres dimensiones: el estado de congelación (material), el líquido (mental) y el estado etéreo o espiritual. Cuando das dinero con gratitud y generosidad, te elevas desde el estado material a la dimensión etérea o espiritual. El millonario educado sabe, que en realidad, donar dinero ensancha la dimensión espiritual (100% - 10% = 1000%); son las matemáticas espirituales: donar multiplica el dinero, no lo disminuye.

22) Dios sabe donde está el dinero: Abraham, padre venerado por las tres más grandes religiones del mundo –el judaísmo, el islamismo y el cristianismo-, fue además uno de los hombres más ricos de su tiempo, multimillonario podríamos decir (Gn. 13:2).

Dios mismo promete prosperarnos (Pr. 3: 5,6, 9,10; 10:22; Mal. 3:10,11). Dios nos reta a probarle. El millonario educado reconoce que Dios sabe dónde está el oro, déjalo que Él te lo muestre.

23) La destrucción es creación: para crear un cambio permanente en un material o en una persona, ha de ejercerse una fuerza de intensidad suficiente como para superar el "límite de la elasticidad" del objeto o el condicionamiento previo del individuo. ¿Cómo superar los viejos hábitos y pasar a una nueva fase en la vida?

- Comienza a centrarte a tu visión futura. La visión ha de ser tan fuerte como para dominar tus pensamientos, tus decisiones y actividades.
- Identifica una pauta, que estés seguro que necesitas para subir a la categoría de millonario educado; podría ser por ejemplo, alimentarte bien y así disponer de más energía para hacer todo lo que te lleva a ser millonario. Sea lo que sea, comprométete a hacer de esa pauta una "obligación" en lugar de un "quizás".
- Después comprométete a no dejar de "apuntar al blanco" de la nueva pauta hasta que la hayas incorporado a tus hábitos.
- Ahora escribe ambos compromisos y colócalos de forma que los tengas a la vista todas las mañanas y todas las noches. Cuando tu compromiso flaquee (a la mayoría nos pasa), reconoce el error y vuelve a

comprometerte. No olvides lo que dijo Henry Ford: *"El fracaso es la oportunidad de volver a empezar con más inteligencia"*.

24) Unifica tu actuación: Cuando el deseo, la convicción y autoestima estén en línea, entonces se puede decir que tienes coherencia. Sea poco a poco o de repente, te despiertas una mañana y te das cuenta de que tu **"algún día"** ha llegado. Lo deseas, lo crees: la semilla que plantaste hace tanto tiempo ya está lista para dar fruto.

Stephen Covey citando a Lincoln dice: "Si me dieran ocho horas para derribar un árbol, dedicaría siete a afilar el hacha". Ser coherente es tener el hacha afilada. *Dar unidad a tu actuación es la clave definitiva para "manifestar" aquello que deseas en la vida.*

25) El mentor: *"Una sola sobremesa con un sabio, equivale a un mes de estudio entre libros".* **Proverbio chino.**

- El mentor nos da una perspectiva más amplia. Experiencia más tiempo igual a sabiduría; el mentor nos puede transmitir el saber de toda una vida de experiencia.
- El mentor aporta maestría: llena nuestras lagunas. El mentor nos ayuda a evitar la escuela de los banquetazos y de los fracasos, que es la más cara en tiempo, dinero y sufrimiento. *El mentor nos muestra el atajo.*
- El mentor nos infunde paciencia.

Casi todos los millonarios educados tuvieron mentores y reconocen la necesidad de tenerlos; es parte de su palanca. *Tu fuerza será la de tus mentores.*

El modelo de la función del mentor: *"El hombre débil ve las tierras valladas y roturadas, y las casas destruidas; el vigoroso ve las posibles fincas y granjas, su vista levanta haciendas en un abrir y cerrar de ojos".* **Ralph Waldo Emerson.**

Estudia la vida de alguien grande y descubrirás que bebió de uno o varios maestros. Por tanto si deseas alcanzar grandeza, renombre y un éxito superlativo, has de aprender de un maestro. *Absorbe su estilo cognitivo, aprende a pensar como él piensa, para obtener los resultados que él obtiene.*

El mentor providencial: *"Goliat, fue lo mejor que pudo pasarle a David".* **Doug Weed.** "Cuando el alumno está preparado, el maestro aparece". Hay tres clases de mentores:

1) *El mentor providencial:* todo encuentro, por trivial que parezca, puede llevar a ser una relación con un mentor providencial. Un mentor providencial, no siempre es una persona; puede ser literalmente cualquier cosa que cambie el curso de tu vida, como: una enfermedad grave, un despido del trabajo, la lectura de un libro que te impresione, etc. Recuerda, *tus problemas son buenos: son tu fuerza bajo otra apariencia.*

2) El mentor práctico: *"Sí supieran todo lo que me ha costado dominar mi arte, a nadie le parecería tan maravilloso después de todo"* **Miguel Ángel.** Tú sólo, siempre te quedarás corto en una actitud, una aptitud, un don, un hábito, una técnica o una estrategia. Muchas veces eso exige de un mentor práctico, cotidiano, que va al grano.

Si el mentor no aparece, tienes que buscarlo:

- Enumera en una lista los recursos que te faltan: anota también los pocos que tienes, te ayudará a alcanzar tus metas.
- Explota tu red de contactos, tu propio círculo: llama a la gente y pregúntales: ¿Tienes una respuesta o una solución? ¿Sabes quién pueda tenerla?
- Amplía tu radio de acción: puedes encontrar a tus mentores en las páginas amarillas o en el internet.

3) El mentor héroe: *"Sí me dices quiénes son tus héroes, te diré cómo te va a ir en la vida."* **Warren Buffet.** Son tus héroes, de tamaño mayor que el natural, son tus campeones, tus modelos, tu inspiración. La mayoría de ellos estará inaccesible para ti en persona, pero aún así puedes aprender de ellos:

a) Lee las biografías y autobiografías de quienes admiras.
b) La Biblia es una fuente inagotable de hombres

y mujeres que pueden enseñarnos principios estupendos, léela.
c) Hazte asiduo del canal de biografías y de otros programas de televisión donde se presente la crónica de la vida de gente importante o famosa; te darás cuenta que en sus vidas no faltaron dificultades y contratiempos superados a fuerza de tesón, compromiso y empeño.
d) Lee artículos y entrevistas de ellos en revistas y periódicos.
e) Estudia los libros, cintas o videos de ellos o sobre ellos.
f) Visita si puedes los lugares que los vio nacer y/o los lugares que inmortalizaron.
g) Fotografíate con ellos cuando sea posible y pon las fotos en la pared.

Las lecciones del precipicio:

- *La pesca es mejor;* ahí donde sólo los audaces se atreven a llegar: los lagos difíciles están llenos de peces grandes, pero tienes que salvar precipicios para llegar a ellos.
- *Ve siempre acompañado de un guía:* Halla a un mentor que haya ya salvado el precipicio y que te acompañe.
- *Afronta el miedo:* Como en el cuento de Hadas, si quieres desposar a la princesa, primero tienes que matar al dragón. El mayor dragón al que te enfrentas es tu propio miedo.

Sienta a un millonario a tu mesa: *"El mejor camino y el más corto para hacer fortuna, es hacer ver a los demás que promover tu interés redunda en el suyo."* **Jean de la Bruyére.**

Busca a un millonario al mes y solicítale una entrevista, ya sea en persona, por teléfono o por correo electrónico, y hazle las siguientes preguntas:

Consultando con un Millonario
Preguntas básicas para un millonario
¿Cómo hizo su primer millón?
¿Cuánto tiempo le llevó?
¿Cuánto tiempo le llevaría hoy?
¿Qué sistema empleó para conseguirlo?
¿Es transferible ese sistema?
¿Cuánto tiempo le llevaría hoy enseñar a alguien a llegar a su nivel?
¿Qué me recomienda que haga para ser millonario?
¿Cuál es la lección más importante que ha aprendido?
¿Cómo integra los valores espirituales en su vida?
¿Cuál es el legado que quiere dejar?
¿Cuál es su principal hábito?
¿Qué oportunidades ve, que no tiene tiempo de aprovechar?

El aprendizaje transformador: *"Que cada uno llegue a otro, y cada uno enseñe a otro hasta que todos hayan aprendido"* **Mark Víctor Hansen.**

Don Wolfe, experto en el cambio, ha señalado dos tipos de aprendizaje: el aprendizaje informativo, y el aprendizaje transformador; dicho de otra forma, el de la cabeza y el del corazón. El aprendizaje transformador implica otorgar al alumno la facultad de hallar respuestas por sí mismo. Es un proceso más lento, pero mucho más profundo por eso es transformador.

Tipos de aprendizaje

Aprendizaje Informativo	Aprendizaje Transformador
Hemisferio izquierdo	Hemisferio Derecho
Intelectual	Emocional
Cabeza	Corazón
Analítico	Creativo
Serio	Curioso
Rígido	Espontáneo
Solución recibida	Solución descubierta
Repetición	Intuición
Participación pasiva	Participación activa
Retener	Dar salida
Miedo	Confianza
Ser el mejor	Dar tu mejor esfuerzo
Conocimiento	Comprensión
¡oh, ah!	¡Ajá!
¡Ah, no!	¡Ah, Sí!

Estamos en la era del exceso de información y de la falta de transformación. El aprendizaje transformador no va de tomar apuntes en un cuaderno, va de anotar las lecciones en tu corazón, y en todas las células de tu cuerpo... de forma que tu conducta fluya con gracia, sin compulsión, de la fuente **de tu innato deseo de vivir la vida para la que has nacido, y para la que Dios te ha creado y programado desde antes de la fundación del mundo.**

Capítulo Nueve

El Decálogo Del Éxito

"Se alcanza el éxito convirtiendo cada paso en una meta y cada meta en un paso." **C.C. Cortéz**

"Las personas no son recordadas por el número de veces que fracasan, sino por el número de veces que tienen éxito." **Thomas A. Edison**

in importar quiénes seamos, ni qué es lo que hacemos todos queremos tener éxito en la vida, y ¿sabes una cosa? Dios mismo nos creó para tener éxito en cualquier cosa que emprendamos. Juan el discípulo amado lo declaró, cuando asentó las palabras del Señor Jesucristo, que dijo: *"No me elegisteis vosotros a mí, sino que yo os elegí a vosotros, y os he puesto para que vayáis y llevéis fruto, y vuestro fruto permanezca; para que todo lo que pidieres al Padre en mi nombre, él os lo dé."* (Jn. 15: 16).

Aquí en solamente un versículo, el Señor nos da cuatro razones, por las cuales jamás podremos fracasar, y la primera es que Dios nos eligió, así como Él escogió a Moisés, a Pablo, a Juan, de la misma manera nos escogió a nosotros. Imagina por un momento que aquél que es Todopoderoso, aquél que todo lo sabe, te escogió a ti; a él le plació llamarte por tu nombre, y darte un nuevo nombre, y Él jamás se ha equivocado, así es que si Él te escogió, no temas que no vas a fracasar.

La segunda razón es que Él nos coloca: *"Y os he puesto"*. A veces pensamos que porqué no nacimos en otro país, con otra fortuna, con otro color de piel, otro tipo de ojos, etc. Pero hay cosas que indiscutiblemente jamás podremos cambiar, como a nuestros padres, el color de nuestra piel, nuestra raza, pero siempre debemos recordar que fue el Creador del universo el que nos colocó ahí donde estamos, así es que aún ahí vamos a tener éxito; porqué el éxito no depende del lugar donde estemos, ni quiénes seamos, sino de quién esté con nosotros, y si Dios es con nosotros, quién contra nosotros, así es que no podemos fracasar porque Dios nos ha colocado ahí exactamente.

La tercera razón para no fracasar y tener éxito en lo que emprendamos, es que Dios nos capacita: *"Y llevéis fruto, y vuestro fruto permanezca"*. Si tenemos un gran reto delante de nosotros, no debemos preocuparnos, Dios nos va a dar la habilidad para poder hacerlo, así como se la dio a Moisés para sacar al pueblo de Israel, de la esclavitud de Egipto. Tanto como capacitó a Pablo para llevar el evangelio a todo el mundo conocido de ese entonces. Así como capacitó a José, para soportar la tentación, y llegar al Reino. Al igual que como sostuvo a Job en medio de la adversidad, y lo llevó a la prosperidad, de igual manera Él, nos capacitará y sostendrá en todos nuestros caminos, todos los días de nuestra vida por lo que no podremos fracasar. Como dijo el apóstol Rony Chávez de Costa Rica: "Hacia donde Dios dirije, Dios proveé".

Y por último, la cuarta razón para no fracasar, es que Dios contesta, cualquier oración que hagamos, en cualquier lugar. *"Para que todo lo que pidieres al Padre en mi nombre, Él os lo dé"*. Imagínate, sólo por un momento, ¿Cómo planificarías si tuvieras todos los recursos disponibles? Pues quiero decirte que a través de la oración, tienes todos los recursos del cielo disponibles, ¿Qué harías si tuvieras la seguridad de no fracasar? Dios mismo los ha puesto a tu servicio, recapitulando, si Dios te escogió, te colocó, te capacitó y te oye, no hay ninguna probabilidad de fracaso sino sólo de tener éxito.

Ahora permíteme dar mi propia definición de éxito: *Éxito, es estar donde Dios quiere que estés, haciendo lo que Él quiere que hagas*.

El obedecer las leyes de Dios, nos proporcionará la entrada al cielo; una relación íntima con Dios, y el éxito en todas las dimensiones de la vida, y poner en práctica el decálogo para el éxito, puede permitir a cualquiera degustar un poco de ese cielo, aquí en la tierra; con esto en mente iniciemos con los diez principios para el éxito.

1) Debes trabajar cada día, como si tu vida estuviere en juego.

No fuiste creado para una vida de ociosidad. Así es que no puedes vivir sin ocuparte en nada, a tal punto que cuando vas a pedir trabajo; te pregunten: ¿Cuál es tu especialidad? O ¿Qué haces?, y tú respondes, "nada", y te dicen y ¿El joven que viene con usted? y tú le contestas "es mi ayudante". El trabajo no es tu enemigo, sino tu amigo. Tú debes trabajar, y cómo lo hagas, no lo que hagas, es lo que determinará el curso de tu vida.

Puedes trabajar en forma monótona o puedes hacerlo lleno de agradecimiento. Aún no existe un trabajo honrado, tan rudo que no puedas levantarlo, ninguno tan degradante que no puedas infundirle alma, y ninguno tan sombrío que no puedas avivarlo.

Nunca caigas en la tentación de disminuir tus esfuerzos, aunque estés trabajando para otro. Tu éxito no es menor si alguien te está pagando por trabajar. Haz siempre tu mejor esfuerzo. Lo que plantes ahora lo cosecharás más tarde.

2) Debes aprender que, con paciencia, puedes controlar tu destino.

Debes saber que, mientras más tenaz sea tu paciencia, más segura será tu recompensa. Evita, como la peste, todo carruaje que haga un alto para ofrecerte un viaje rápido a la riqueza, la fama y el poder. La vida tiene condiciones tan duras, hasta en sus mejores momentos, evita las tentaciones, puedes hacerlo.

Comprende que no puedes apresurar el éxito, del mismo modo que los lirios del campo no pueden florecer antes de la estación.

La paciencia es amarga, pero su fruto es dulce. La paciencia es poder. Empléala para robustecer tu espíritu, para dulcificar tu carácter, para calmar tu enojo, para erradicar tu envidia, abatir tu orgullo, refrenar tu lengua, contener tu mano y entregar todo tu ser, a su debido tiempo, a la vida que mereces.

3) Debes trazar tu camino con cuidado, o siempre te desviarás.

Es imposible avanzar apropiadamente en la vida sin objetivos. Ninguna nave jamás levó anclas y extendió sus velas sin tener un destino. Nunca ejército alguno emprendió la marcha para combatir sin un plan para obtener la victoria.

La vida es un juego con pocos jugadores y muchos espectadores. Los que miran son las hordas que vagan por la vida sin sueños, sin objetivos, sin planes ni siquiera para el día siguiente. No los compadezcas, ellos eligieron ya, cuando no eligieron nada.

¿Qué deseas en la vida? Considéralo por largo tiempo y mucho antes de que decidas, porque puedes obtener lo que pretendes. ¿Se trata de riqueza, poder, un hogar lleno de amor, tranquilidad de espíritu, tierras, respeto, posición? Sean cuales sean tus objetivos, grábatelos en la mente y nunca los olvides. No todos los que trabajan duro, con paciencia y se fijan objetivos, alcanzan el éxito. Sin embargo, sin ninguno de esos tres atributos, el fracaso es seguro.

Date a ti mismo todas las probabilidades de triunfar. Y, si fracasas, ¡fracasa luchando! Traza tus planes hoy mismo. Pregúntate donde estarás de aquí a un año. En seguida, planea lo que tienes que hacer durante los próximos doce meses, para alcanzar tu objetivo. **Y, finalmente, ¡házlo!**

4) Debes prepararte para la oscuridad, mientras viajas bajo la luz del sol.

Comprende que ninguna condición es permanente. En tu vida existen estaciones del mismo modo como existen en la naturaleza. Ninguna situación en la que te encuentres, sea buena o mala, será duradera.

Vive siempre preparado para lo peor. Compadécete del pobre, hundido en la marea baja de un fracaso tras otro, de una tristeza tras otra. A la larga deja de esforzarse, precisamente cuando la marea cambia y el éxito viene a su encuentro. *Nunca dejes de esforzarte.*

Mucha gente sigue conservando su fuerza física, mucho después, de que ha perdido su voluntad, pero ¿De qué sirven los músculos, si ha perdido el deseo? Ten siempre fe en que las condiciones cambiarán.

Aunque en tu corazón haya un gran peso, tengas el cuerpo lacerado, la bolsa vacía, y no haya nadie que te consuele...persevera. Y si tu trabajo y tu paciencia y tus planes te han dado buena fortuna, busca a aquellos cuya marea es baja y levántalos.

Recuerda que nada es permanente, pero, sobre todo, atesora el amor que recibes. Éste sobrevivirá mucho después que tu oro y tu buena salud se hayan desvanecido.

5) Debes sonreírle a la adversidad hasta que ésta se te rinda.

La adversidad y el fracaso pueden destruirte, mientras esperas pacientemente a que la fortuna cambie. Trátalas de una sola manera: *¡Recibe bien a ambas, con los brazos abiertos!*

Deja que las lágrimas que derramas sobre tus desgracias, te limpien los ojos para que puedas ver la verdad.

La adversidad es la lluvia de la vida, fría, molesta y hostil. Sin embargo, de esa estación nacen el lirio, la rosa, el dátil, la granada. ¿Quién pude decir que grandes cosas te alcanzarán una vez que hayas sido abrazado por el fuego de la tribulación y empapado por las lluvias de la aflicción? Hasta el desierto florece después de una tormenta.

Recuerda tú mismo, en tus horas más negras, que todo fracaso es un paso más hacia el éxito, que todo descubrimiento de lo que es falso te conduce hacia lo que es verdadero, que toda prueba agota cierta forma tentadora de error y que toda adversidad sólo cubrirá, durante algún tiempo, tu sendero hacia la paz, y la realización.

6) Debes comprender que los planes son sólo sueños cuando no hay acción.

"Actúa u otros actuarán antes que tú."

Aquél cuya ambición se arrastra en lugar de elevarse, que está siempre indeciso, que retarda las cosas en vez de actuar, lucha en vano contra el fracaso.

El mundo siempre determinará tu valía por lo que haces. ¿Quién puede medir tus talentos por los pensamientos que tengas o las emociones que experimentes? ¿Y cómo demostrarás tus habilidades si siempre eres espectador y nunca jugador?

Comprende que la actividad y la tristeza son eternos polos opuestos. Cuando tus músculos se tensan y tus dedos se aferran y tus pies se mueven y tu mente se ocupa en la tarea que tienes entre manos, tienes poco tiempo para la autoconmiseración y los remordimientos. Nadie actuará por ti. El emprender acción es siempre peligroso, pero el sentarse a esperar a que las cosas buenas de la vida te caigan en el regazo, es la única vocación en la que el fracaso destaca.

7) Debes sacudir las telarañas de tu mente, antes de que estás te aprisionen.

"La mente en su propio lugar, y en sí misma puede hacer del infierno un cielo, o del cielo un infierno."

Los amigos muertos, los empleos fallidos, las palabras que hirieron, las penalidades inmerecidas, el dinero perdido, las heridas que no sanan, las metas no alcanzadas, las ambiciones destruidas, las lealtades quebrantadas...¿Por qué has conservado todo ese nocivo acervo, como si tuviera algún valor? ¿Por qué te sigues condoliendo de tus fracasos? ¿Por qué sigues recordando el rostro del que te hizo daño?

Echa fuera todas esas hebras trágicas que se han acumulado con el paso de los años. *La capacidad de olvidar es una virtud, no un vicio.*

Debes entender que el ayer con todos sus errores y cuidados, sus dolores y sus lágrimas, han pasado para siempre y ya no pueden hacerte daño. De la misma manera tienes que pensar que no puedes hacer nada por el mañana, con sus posibles angustias o desaciertos, o quizá éxitos y felicidades. Porque todo lo que posees, y que puedes acomodar a tu voluntad es el día de hoy, es el momento actual. Olvídate del pasado y deja que Dios se preocupe del futuro. *Él es mucho más capaz que tú. Nunca dejes que la preocupación por el mañana, ensombrezca el día de hoy.*

8) *Debes aligerar tu carga si quieres llegar a tu destino.*

¡Cuán diferente eres ahora que cuando naciste en este mundo! Llegaste a este mundo sin nada, pero con los años te dejaste sobrecargar con tanto equipaje pesado, en nombre de la seguridad, que tu viaje por la vida se ha convertido en un castigo en vez de un placer. *Aligera tu carga a partir de hoy.*

Si la riqueza se convierte en parte de tu equipaje, empobrecerás, porque entonces no serás más que un asno cuyo lomo se dobla bajo el peso del oro que debes soportar hasta que la muerte aligere tu carga.

Admite la riqueza en tu hogar, pero nunca en tu corazón. *"Porque donde está vuestro tesoro, ahí estará vuestro corazón".*

9) *Nunca debes olvidar que siempre es más tarde de lo que piensas.*

Vive siempre con el pensamiento de que no vas a vivir para siempre. Todos hemos estado muriendo, hora tras hora, desde el momento en que nacimos. Esta sola comprensión, hace que todas las cosas se ubiquen en su perspectiva apropiada.

Muchos temen tanto morir, que jamás viven, tenles compasión. Recuerda que siempre es más tarde de lo que piensas. Fija ésta advertencia en lo más profundo de tu mente, no para que te cause congoja, sino para que recuerdes que el día de hoy, puede ser lo único que te quede.

En una ocasión escuché que: *"Debemos vivir, como si fuéramos a morir esta noche, pero debemos planificar como si fuéramos a vivir mil años".* De esa manera si Dios nos llama a cuentas estamos listos, y si no lo hace también estamos listos para seguir viviendo.

Aprende a vivir con la muerte, pero nunca huyas de ella, ni le temas. Porque si mueres tú vivirás con Dios; y, si vives, Él estará contigo. Recuerda lo que dijo el apóstol Pablo: *"Porque para mí, el vivir es Cristo y el morir es ganancia".*

10) Nunca debes esforzarte en ser otra cosa que tú mismo.

Ser lo que eres, y convertirte en lo que eres capaz de llegar a ser, *es el secreto de una vida feliz.*

Nunca desperdicies ningún esfuerzo en elevarte a algo que no eres, para agradar a otros. Jamás te pongas falsas máscaras para satisfacer tu vanidad. Nunca te esfuerces para que te estimen por tus logros, porque entonces dejarán de estimarte por ti mismo.

¿Alguna vez has visto a un manzano producir naranjas? ¿Alguna vid puede producir siquiera un melón? ¿Acaso algún oso ha intentado volar? Sólo el hombre entre todos los seres vivientes, neciamente se esfuerza en ser diferente de lo que está destinado a hacer. Has sido bendecido con capacidades especiales que son sólo tuyas. Úsalas, sean cuáles fueren, y no trates de ponerte el sombrero de ningún otro.

Nadie puede ocupar tu lugar. Compréndelo y sé tú mismo. No tienes obligación de triunfar. Tu única obligación es que seas tú mismo. *Haz tu mejor esfuerzo en las cosas que tu mejor haces y sabrás, en tu alma, que* **eres el éxito más grande del mundo.**

Conclusiones

"En la prosperidad nuestros amigos nos conocen, en la adversidad los conocemos a ellos."
John Churton Collins
"No hay secretos en el éxito, esto se alcanza preparándose, trabajando arduamente y aprendiendo del fracaso." **Collin Powell**

o pretendemos tener todas las respuestas, porque para cada persona o familia en particular, Dios tiene sus propios planes, y para conocerlos se hace necesario que cada uno de nosotros, pasa tiempo a solas en la intimidad con Dios, para conocer su corazón y su perfecta voluntad para tú vida y para el mejor uso de tus finanzas familiares. Pero queremos concluir con dos aspectos básicos y fundamentales, que necesitamos apropiarlos, si queremos ser prosperados por Dios.

Recordemos que la crisis económica es una situación mundial, no solamente de los países subdesarrollados.

Medita en esto, Rico: no es el que mucho tiene, sino el que menos necesita. Prosperidad: es ser feliz con lo que Dios nos proveé.

La importancia de la renovación de nuestra mente

"Lo que yo pienso determina lo que yo soy." (Pr. 23:7).

En el libro de Romanos, capítulo doce y versículo dos dice: *"No os conforméis a este siglo, sino transformaos por medio de la renovación de vuestro entendimiento, para que comprobéis cuál es la buena voluntad de Dios, agradable y perfecta."*

Aquí nos dice el apóstol Pablo, qué debemos cambiar; *transformaos*, nos dice cómo hacerlo; *por medio de la renovación de nuestro entendimiento*, y también nos dice para qué hacerlo; *para que comprobéis cual es la buena voluntad de Dios*.

Ser pobre, no es bendición sino maldición. En Ef. 4:23; nos insta a "Renovaos en el espíritu de vuestra mente". No es opcional, es un mandato. Lo primero que tienes que hacer es *reformatear* tu mente, en otras palabras sacar la vieja información que tienes y meter la nueva. Es muy importante que formates tu mente con la Palabra de Dios. Toma tiempo, pero tienes que comenzar. (Is. 28: 9, 10).

Hay que meditar en la Palabra de Dios, para que Él

Señor prospere tu camino (Jos. 1:8). Cuando meditas en la Palabra de Dios, entonces conoces los pensamientos de Dios; que son pensamientos de paz y de bien para tú vida, (Jer. 29: 11-14).

Los pensamientos de Dios, son demasiados altos para tí. Él siempre quiere lo mejor para tu vida. Dios quiere que tú seas prosperado en todo (3 Jn.2). Nunca olvides que fuiste llamado para *heredar toda bendición*. (1 P. 3:9).

No debes olvidar, que lo primero que tiene que cambiar es tu manera de pensar, y debes asimilar que Dios tiene planes fabulosos para ti; por lo tanto cualquier pensamiento derrotista o de fracaso, debe ser expulsado de tu mente.

La importancia de conocer la bendición de Abraham

La bendición de Abraham, es nuestra herencia porque somos sus hijos.

Es integral: Incluye todos los aspectos del ser humano, en lo espiritual, Abraham es llamado amigo de Dios, (Stg. 2:23). En lo emocional, también fueron bendecidos porque sabían reír, Abraham río (Gn.17); Sara río (Gn.18) y en Génesis 21, Isaac nació y su nombre quiere decir "risa". Y materialmente también fue bendecido, porque Abraham era riquísimo, (Gn. 13:1,2).

Esta bendición es transmitida a muchas generaciones: hasta mil generaciones. (Gn. 26:12-14). Dios bendijo materialmente a Isaac. (Gn. 30:43). Jacob también fue enriquecido.

Dios también bendijo, y prosperó a José en Egipto, (Gn. 39:3,4). Recuerda que José llegó sin nada, como esclavo, después fue prisionero, pero al final llegó al reino, así es que no importa tu condición, lo único que importa es que Dios esté contigo para que seas prosperado.

Cuando Dios sacó a su pueblo de la esclavitud de Egipto, salieron prosperados; (Gn. 15:13,14). En base a las promesas hechas a Abraham, (Éx. 3:19-22; 12: 35,36; Sal. 105:37; 107:20). Dios los sanó, y los libró de su ruina. Los Israelitas han sido prosperados en cualquier parte del mundo.

Esta bendición también ha alcanzado al pueblo Árabe, los hijos de Ismael; (Gn. 16:10; 17:20). Hoy en día son los dueños de la reserva más grande de petróleo del mundo. Dios dijo: *"Haré una nación grande de ellos"*; y así ha sido.

En Gn. 13: 4-17; habla de la bendición que alcanza al pueblo judío, la tierra de Abraham. Pero en Gn. 15: 4-6; habla de las estrellas del cielo, la descendencia espiritual de Abraham, que incluye a todos los creyentes de todas las partes del mundo y de todos los tiempos.

Ahora somos bendecidos en el creyente Abraham, (Ro. 4:11; Gá. 3:6-9), somos linaje de Abraham y herederos según la promesa (Gá.3:29); porque pertenecemos a Cristo.

Cómo alcanzar la bendición.

Dios tiene que ser tu confianza. (Gn. 14; 15:1). Yo soy tu escudo y tu galardón, Jer. 17:5,7; Por lo tanto no debes endeudarte.

Créele siempre a Dios. (Gn. 15:6). No importa la situación, las circunstancias que estás viviendo, creé lo que el Señor te dice.

Dále siempre la gloria a Dios. (Gn. 14: 21- 23). Abraham no tomó nada, porque él esperaba que Dios lo bendijera.

Obedece a Dios: es la clave de la prosperidad. (Gn. 14: 17-20). Es la primera vez que se menciona la palabra diezmo, (es la parte más difícil de la obediencia). *Camina en una obediencia total.*

Si tomas los consejos y los principios, y los pones por práctica ten por seguro, que lo primero que vas a lograr será sanar tus finanzas familiares; pero después podrás llegar hasta la prosperidad que Dios tiene preparada especialmente para cada uno de sus hijos.

OTROS LIBROS DEL DR. MIGUEL RAMÍREZ

Alcanzando Tus Sueños

Todo mundo tiene sueños, pero son pocos los que los alcanzan. Este libro presenta todos los aspectos que intervienen para poder alcanzar nuestros sueños, y expone de manera detallada, paso por paso cómo puedes lograrlo.

Que su Iglesia Crezca

Un excelente libro que aborda los principios del crecimiento de la Iglesia basado en el libro de los Hechos. Es un análisis profundo pero práctico que todo pastor y líder debe leer. Presenta cómo puede hacer crecer su Iglesia.

Restauración Total
Saliendo del pantano del adulterio

El adulterio es un problema social de grandes proporciones, también lo es en la esfera social cristiana. Este libro pretende aportar soluciones prácticas para cortar de raíz el problema del adulterio en una persona.

OTROS LIBROS DEL DR. MIGUEL RAMÍREZ

Cuando el esposo Falla

Cuando el hombre falla genera todo un panorama oscuro en su familia, pero hay esperanza para todas aquellas familias que quieren salir adelante.

ABC de la Administración
Estrategias y principios bíblicos para administrar eficazmente

En este libro, él autor trata de una forma simple pero efectiva los cuatro pasos del proceso administrativo y los fundamentos bíblicos de la administración

CONTACTO
Dr. Miguel Ramírez

mies2@hotmail.com
Cel. 333 722 25 70

www.ingramcontent.com/pod-product-compliance
Lightning Source LLC
Chambersburg PA
CBHW022334300426
44109CB00040B/559